Inhalt

10

VHS
NEVER FORGET

02

36

RETRO-FILM

ALLE DREI MONATE NEU!

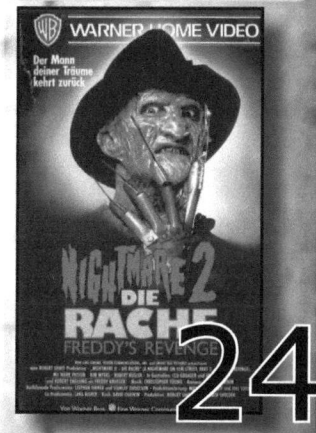

24

Vergessen war gestern, wir sprechen darüber!

Sklavenmarkt der weißen Mädchen

Die Journalistin Emanuelle wartet an einem Flughafen auf einen stadtbekannten Gangster, während sie mit ansehen muss, wie eine Frau im Rollstuhl geschlagen wird. Doch später trifft sie diese Frau wieder, jedoch diesmal nicht im Rollstuhl. Emanuelle stellt Nachforschungen über die Person an und gerät ohne es zu bemerken in die Fänge von Frauenhändlern.

Laura Gemser, der feuchtfröhliche Traum der 70er Jahre, zeigte immer gern das was sie hatte. Mit makellosem Körper und ihrer exotischen Schönheit, bescherte sie zu ihrer Glanzzeit dem, an nackten Tatsachen interessierten, Publikum diverse emotionale Freuden, ihr wisst schon was ich meine. Mit dem 1978 entstandenen **SKLAVENMARKT DER WEIßEN MÄDCHEN** versucht sie, wieder unter der federführenden Hand von Schmuddel-Spezialist Joe D'Amato, mit ihren Reizen zu punkten. Doch der sechste Teil, und auch letzte, der offiziellen **BLACK EMANUELLE** Reihe lässt interessante Ideen ungeniert am Wegesrand liegen, um mit willkürlichem Softcore die dauergeilen Zuschauer bei Laune zu halten.

Anfang der 70er, genauer gesagt 1974, war der französische Erotik-Film **EMMANUELLE** mit Sylvia Kristel ein großer kommerzieller Erfolg, welcher viele Fortsetzungen nach sich zog. Natürlich, und wie soll es auch anders sein, entwickelten findige italienische Produzenten eine Konkurrenzreihe, um selbst mit schmierigen Erotik-Filmen ein Stück vom Kuchen abzugreifen. Man erschuf **BLACK EMANUELLE** und unterschlug dabei ein M, um Rechtsstreitigkeiten gekonnt aus dem Weg zu gehen. Mit Laura Gemser war die passende Schönheit gefunden, die in sechs offiziellen Filmen als sexuell aufgeschlossene Reporterin diverse Abenteuer erlebte.

Nachdem letzten Streich **NACKT UNTER KANNIBALEN** ging man wieder etwas gemäßigtere Wege und drehte mit **SKLAVENMARKT DER WEIßEN MÄDCHEN** ein standardisierten Sexploitationfilm nach Schema F(icken)!

Dabei ist der Plot gar nicht mal so uninteressant, denn **EMANUELLE** macht sich daran einen Mädchenhändlerring, der seine „Schützlinge" zur Prostitution nötigt, auszuheben und zu unterwandern. Eigentlich ganz netter Stoff für einen reißerischen Thriller, doch Schmierfink D'Amato scheint das Potential nur wenig zu interessieren. Die Ermittlungsarbeit unserer Protagonistin und die Gefahren, die diese birgt, werden nur ansatzweise bearbeitet. Die Handlung plätschert uninteressant vor sich hin und Szenen, die wirklich etwas Spannung beinhalten könnten, werden gänzlich vernachlässigt, zu Gunsten von erotischen Scharmützeln.

Somit dient der ganze Verlauf lediglich als Legitimation, diverse Sex-Szenen zu zeigen und selbst diese sind recht, nun ja, lahm und unaufregend. Das fängt schon zu Beginn an, wenn das Auto von **EMANU-ELLE** und ihrer Freundin in die Werkstatt muss und sich die Freundin gleich vom Mechaniker knattern lässt, während unsere exotische Hauptfigur sich selbst die Pflaume rubbelt.

Danach wollen sie, so will uns der Film das suggerieren, einem Gangsterboss auf die Pelle rücken und ihn, so nehme ich an, durch investigativen Journalismus seiner Taten und Machenschaften entlarven. Doch die beiden Früchtchen gehen mit ihm und seinem Geschäftspartner erstmal auf Safari und lassen sich…richtig, kräftig durchhauen. Diese komische Anfangshandlung verläuft dann auch im Sande und es wird nie wieder darüber gesprochen. Es ist gerade dieses Stückwerk, was sich durch den Film zieht. Nie ist etwas bedrohlich oder gefährlich. Selbst der Mädchenhändlerring wirkt, wie ein Vergnügungsdomizil für sexhungrige Damen im besten Alter. Somit geht der Thriller-Aspekt gänzlich verloren. Selbst die, für D'Amato bekannten, Sexeinlagen wirken schnell runtergedreht.

In vielen seiner Arbeiten drehte Joe D'Amato noch Hardcore-Szenen mit Bodydoubles nach, um sie später noch in den Film einzufügen. Bei diesem Film allerdings verzichtete man darauf und verließ sich gekonnt auf die Ausstrahlung seiner Hauptdarstellerin. Lediglich eine Szene lässt mich an diesem Umstand zweifeln. Noch vor der „Haupthandlung" bekommen wir einen flotten Dreier zwischen **EMANUELLE**, dem komischen Gangsterboss und **EMANU-ELLES** Freundin geboten, bei dem immer wieder Schwarzbild erscheint und die Sexeinlagen in Ausschnitten präsentiert wird. Ob an dieser Stelle wirklich mal explizite Darstellungen zu sehen waren, werden wir aber wohl nicht mehr erfahren. Es muss ja nicht explizit sein, jedoch versprühen diese Szenen oftmals nur mittelgeile Erotik.

Auch die Schauspieler sind nur so mittelgeil

aber für einen Joe D'Amato Sexploitation-film werden nun mal eher andere Talente und Vorzüge benötigt als gutes Schauspiel. Lediglich Laura Gemser versprüht einfach etwas Faszinierendes. Sie ist, trotz ihrer Schönheit, immer etwas natürlicher als ihre Gespielinnen und wirkt nie so dauergeil, sondern zurückhaltend. Dieses Gefühl wird dann zum Beispiel aber durch die Endszene torpediert, wenn sie sich, für eine Überfahrt im Boot, von den ruppigen Seemännern vernaschen lässt, quasi als Bezahlung. Die steht dann auch in Konflikt mit den emanzipierten Charakterzügen, die die Figur ansonsten an den Tag legt. Wenigstens der Soundtrack von Nico Fidenco ist ganz nett und amüsant, denn dieser chargiert zwischen Porno-Klischee Klängen und flachem Italo-Disco Gedudel. Der Theme-Song bleibt dabei ganz gut im Ohr, was auch daran liegen mag, dass er c.a. 1000 Mal gespielt wird. Man muss schon sagen, dass **SKLA-VENMARKT DER WEIßEN MÄDCHEN** ein schnell zusammengeschustertes Werk darstellt. Nicht nur die Handlung erzeugt diesen Eindruck, sondern auch die Tatsache, dass D'Amato viel Füllmaterial aus anderen Filmen, wie **BLACK EMANUELLE – STUNDEN WILDER LUST** und dem schon erwähnten **NACKT UNTER KANNIBALEN** einfach hier hinein kopiert und neu synchronisiert hat. Zumindest gibt es ein paar nette Tieraufnahmen aus Afrika, das muss man schon mal erwähnt haben.

SKLAVENMARKT DER WEIßEN MÄD-CHEN ist ein weiterer schmuddeliger Sexploitationfilm von Euro-Grindhouse Papst Joe D'Amato, in dem die schöne Laura Gemser wieder zeigen darf, was sie hat. Allerdings verkommt der sechste Teil der bekannten Plagiatsreihe zu einer sich immer wiederholenden Nummernrevue lauer Softcore-Einlagen, was nicht schlimm wäre, wenn D'Amato nicht so viel Potential links liegen lassen würde. Alles in allem ein uninteressanter Film, der keinem weh tut, jedoch nur Gemser-Fetischisten wirkliche Begeisterung entlocken dürfte.

HARD JUSTICE

Ihr kennt Alle bestimmt dieses eine Phänomen, wo man nichts erwartet und dann irgendwie positiv überrascht wird. Besonders zum Tragen kommt dieser Umstand, wenn man schon weiß, dass man günstig produzierten Direct-to-Video Stoff vor sich hat aber mit dem Gefühl vor dem Abspann sitzt, welches einem bewusst macht, dass die letzten 90 Minuten richtig gerockt haben. Dieses Gefühl hatte ich zuletzt bei dem Action-Reißer „Hard Justice" aus dem Jahr 1995. Ein schamloses Rip-Off, welches so originell ist, wie mein morgendlicher Kaffee und trotzdem kam ich als Action-Fan auf meine Kosten. Warum? Das erfahrt ihr in aller Ausführlichkeit!

Kennt jemand noch David Bradley? Nein, ich meine nicht den grumpy Hausmeister aus Hogwarts, sondern den anderen David Bradley, den Karatesportler aus Texas, der 1989 als Ersatz für Michael Dudikoff in dem, von *CANNON FILMS* produzierten, Martial-Arts Heuler *AMERICAN FIGHTER 3* erste Bekanntheit erlangte. Niemand? Ok, weiter im Text.

Ein draufgängerischer Cop wird in einen Höllenknast eingeschleust, um dort vermuteten illegalen Machenschaften auf den Grund zu gehen. Als seine Tarnung auffliegt, bricht die Hölle los und die Situation eskaliert...

In seiner kurzweiligen „Karriere", die nur bis 1997 andauerte, war Bradley der Leading-Man für anspruchslose Videotheken-Ware, welche mal mehr, mal weniger unterhaltsam war. Mit **HARD JUSTICE**, der in deutschen Gefilden den schwungvollen Titel **HARD ATTACK – TATORT: KNAST** trägt, legte der mehrfache Karate-Champion seinen wohl besten Film auf das cineastische Parkett. Der Streifen wurde von „Nu Image" produziert, unter der Leitung von Boaz Davidson, der schon bei „Cannon" zum Fachpersonal zählte. Die Geschichte eröffnet mit einer Szene, die direkt aus John Woos **HARD BOILED** (1992) stammen könnte, so wie Vieles in diesem Actionfilm aus anderen Filmen zu stammen scheint. Unser Bradster stürmt in bester Chow Yun-Fat Manier ein Lagerhaus, in welchem gerade ein Waffendeal über die Bühne geht. Mit ordentlicher Feuerkraft wirbelt unser Hauptdarsteller durch die Szenerie. Autos explodieren, Gegner werden in Zeitlupe durchsiebt und Fressen werden standesgemäß poliert. Das alles ist zwar schamlos geklaut, aber lieber gut geklaut als schlecht selbst inszeniert. Nach diesem unterhaltsamen Intermezzo wird Nick Adams, so der Name unseres toughen A.T.F.-Agenten, in ein Gefängnis eingeschleust, weil ein Undercover-Kollege dort ermordet wurde, nachdem er irgendwelchen illegalen Aktivitäten hinter den Knastmauern auf der Spur war. So ähnlich haben wir das bereits im Knast-Reißer **MIT STÄHLERNER FAUST** (1990) mit der belgischen Abrissbirne Jean-Claude van Damme gesehen. Aber egal, lieber gut geklaut als... oh, sagte ich ja schon. Jedenfalls folgt die Story fast Eins zu Eins seiner filmischen Vorlage. Unser Cop kickt erstmal seinen Zellengenossen zusammen, mit dem er sich direkt danach anfreundet. Der Direktor ist ein sadistischer Sklaventreiber und sein bester Mann ein passionierter Schläger, der seinem Schlagstock liebreizende Namen gibt. Es werden schließlich die üblichen Szenarien abgearbeitet. Unser Undercover-Insasse ermittelt und kommt einem Waffenhändlerring auf die Spur, der sich aus asiatischen Insassen, den Wärtern und natürlich dem Direktor zusammen setzt - als hätte man das nicht geahnt. Auch die Figuren stammen aus dem Handbuch für Knastfilme. Der Schwarze, der alles besorgen kann, die obligatorischen „Knast-Schwestern", die sich nach etwas zwischenmenschlicher Action sehnen und den Guru, der über alles Bescheid weiß was in diesem schummrigen Palast der Justizvollstreckung so vor sich geht. Zwischendurch muss der gute Nick immer wieder seine Martial-Arts Skills aktivieren, um nicht an der nächsten Ecke umgelegt zu werden. Natürlich kommt irgendwann der Bösewicht vom Anfang als Insasse in die Besserungsanstalt, der natürlich auch am Waffengeschäft beteiligt ist und unseren Mr. Adams enttarnt. Nach ein paar handfesten Karate-Scharmützeln geht es in Richtung Finale, in welchem nicht nur der große Unbekannte enthüllt wird, was man ebenfalls drei Kilometer weit kommen sieht, sondern auch wieder ordentlich geballert, gekämpft und gestorben wird. Klingt ziemlich billig und wenig originell, ist es im Prinzip auch, macht aber verdammt viel Spaß, da der Film sich a) überhaupt nicht schämt, ein reines Unterhaltungsprodukt zu sein und b) ordentlich inszeniertes Männerkino darstellt. Das Drehbuch ist nur Mittel zum Zweck und wahrscheinlich haben die Autoren die beiden Drehbücher der Referenzfilme lediglich zusammengeworfen und die Figurennamen geändert. Regisseur Greg Yaitanes lässt den Film aber bei weitem nicht so billig aussehen und kreiert ansehnliche Action-Szenen, die teilweise ordentlich rocken. Die Fights sind knackig und adäquat choreographiert, das Kunstblut darf immer spritzen und die Sprüche sind trocken. Lediglich im Finale übertreibt der Film etwas, indem er auf die zweite große Schießerei, wieder im Woo-Style, noch einen Hubschrauber-Fight und eine Verfolgungsjagd folgen lässt, die sich dann doch etwas in die Länge zieht. Man muss auch erwähnen, dass alles in knackige 87 Minuten gepackt wurde. Wo andere über 100 Minuten brauchen, bringt es Yaitanes ein-fach auf den Punkt und serviert einen runden Actioner für den anspruchslosen Konsumenten, der auch mal was ohne Hirn und Botschaft gucken möchte. Die Darsteller machen ihren Job auch relativ solide. David Bradley ist kein Schauspieler, aber den harten Kämpfer kann er spielen, auch wenn seine Gesichtszüge scheinbar im Urlaub waren. Yuji Okumoto gibt den fiesen Asia-Gangster, wie es das Klischee verlangt und Benita Marti verblasst als weibliche Figur gnadenlos. Sie ist nun mal da und am Ende muss sie gerettet werden, damit wenigstens etwas auf dem Spiel steht. Der profilierteste Darsteller ist Charles Napier, der hier als Gefängnisdirektor zu sehen ist und seinen Vietnam-Schaden an den Insassen auslässt. Auch er darf dann zum Ende hin nochmal richtig ausrasten und seine eigenen Gefangenen niedermähen. In einer kleinen Rolle ist noch Vernon Wells zu sehen, der Kettenhemd tragende Schurke aus **PHANTOM KOMMANDO** (1985), der hier mit einem sehr hässlichen Tattoo im Gesicht auftritt. Bei uns erschien **HARD JUSTICE** ungekürzt auf VHS. Später folgte eine DVD-Variante, die von „United Video" in eine, als Action Box Special-Edtion betitelte, Kollektion gepackt wurde, in der noch vier weitere Ramsch-Titel aus dem C-Movie Bereich enthalten sind. Aber alleine wegen **HARD JUSTICE** lohnt sich der Kauf, dieser, bestimmt nicht sehr teuren, Box.

Das David Bradley-Vehikel **HARD JUSTICE** (1995) ist schamlos geklautes B-Action Kino aber ein verdammt unterhaltsames! Konsequent, adäquat inszeniert und kurzweilig in der Laufzeit bietet der Streifen ein raues Mash-Up aus **HARD BOILED** (1992) und **MIT STÄHLERNER FAUST** (1990), welches ordentlich zu rocken weiß. Für den Direct-to-Video Fan sicher eine Empfehlung. Ich persönlich hätte gerne eine Blu-ray!

WEISSE SKLAVIN DER GRÜNEN HÖLLE (1979)

Zwei Abenteurer brechen nach Südamerika auf. Der Grund ist ein Goldschatz, der sich in einem Inkatempel befinden soll. Sehr einfach ist es nicht dorthin zu gelangen, aber der Goldrausch beseitigt bekanntlich nacheinander alle Hindernisse. Es sind aber nicht nur Tiere die den Weg erschweren, sondern auch Mörder und Amazonen...

Ein frühes Werk von Regisseur Marc L. Lester ist **WEIßE SKLAVIN DER GRÜNEN HÖLLE** (1979). In seiner weiteren Laufbahn brachte uns Lester Filme wie **PHANTOM KOMMANDO** und **DIE KLASSE VON 1984** in die Wohnzimmer.

WEIßE SKLAVIN DER GRÜNEN HÖLLE ist ein Abenteuer-Film der nur ein geringes Budget zur Verfügung hatte. Dies ist vor allem an den Kulissen sehr deutlich erkennbar. Nur wenige Hütten und das Camp der Amazonen ist ebenfalls sehr spärlich ausgestattet. Doch mit geschickten Kameraeinstellungen und mithilfe von Licht von Fackeln und Feuer wurde dies geschickt kaschiert.

Bekannte und beliebte Schauspieler konnte man für diesen Amazonen Streifen gewinnen. Sei es Bo Svenson, Donald Pleasance oder auch Anita Ekberg. Wobei man erwähnen sollte das zur Zeit des Drehs Anita bereits die 50 Jahresgrenze erreicht hatte. Auch wenn sie etwas mehr auf den Hüften mit sich rum trägt, so kann sie ihre weiblichen Reize gut präsentieren. Die anderen Darstellerinnen von Amazonen sind auch recht ansehnlich, doch für einen Playboy hat es nicht gereicht.

Das Erzähltempo ist recht flott und wird mi abwechslungsreicher Musik untermalt. Die deutsche Synchronisation ist recht ordentlich gelungen und passende Stimmen wurden für die einzelnen Charaktere besetzt. Was bei einem Low Budget Streifen nicht gerade oft der Fall ist.

Lange Zeit gab es **WEIßE SKLAVIN DER GRÜNEN HÖLLE** nur auf VHS, nun ist er von WHITEPEARL /SOULFLOOD auf DVD erschienen. Die Bildqualität bewegt sich auf guten VHS Niveau, was sehr zufriedenstellend ist. Für Abenteuer Fans ist dieser Vertreter sicherlich eine Empfehlung. Wer jedoch sowas wie **QUATERMAIN** oder **INDIANA JONES** erwartet, der wird schnell Ernüchterung feststellen.

VICTOR WONG

Victor Wong - Geboren am 30.07.1927 in San Franzis-co, Kalifornien, USA; Gestor-ben am 12.09.2001 in Lock3, Kalifornien,USA
Victor Wongs vollständiger Name ist Yee Keung Victor Wong.

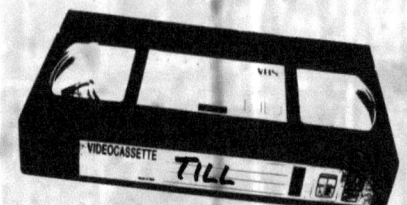

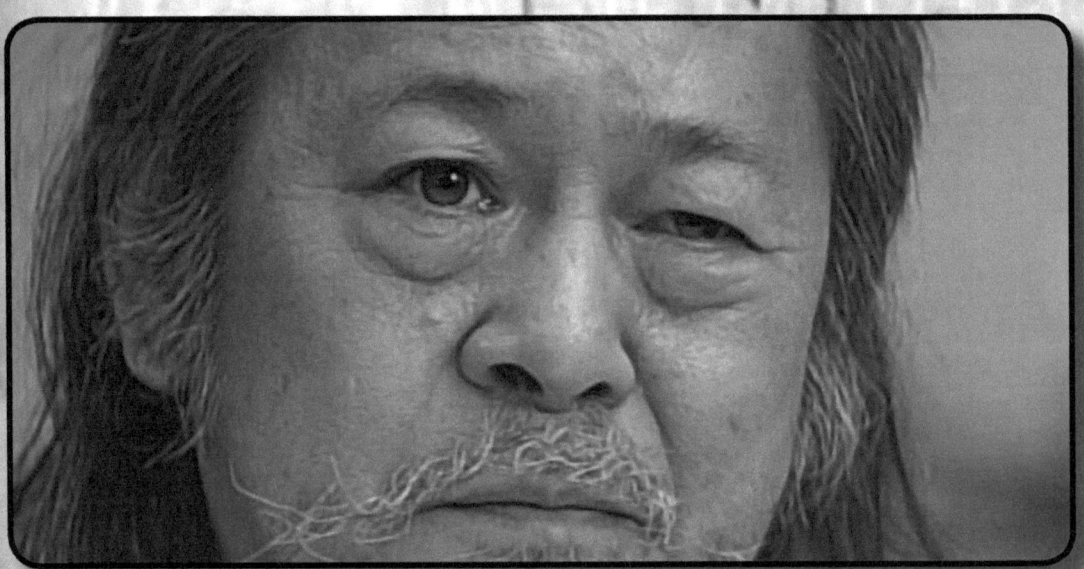

Seine Eltern stammten beide aus China. Sare King Wong, sein Vater, wurde in der Guangdong- Provinz geboren. Später zog dieser nach Shanghai und wurde Journalist. Seine Mutter war eine gläubige Christin. Victor ist eines von fünf Kindern. Die Eltern wanderten nach Amerika aus und ließen sich in San Francisco nieder. Victor konnte fließend englisch und kantonesisch spre-chen. Als Kind erkrankte er an Tuberkulose und musste ein paar Jahre lang ein Sanato-rium besuchen bis er geheilt wurde.

Nach der Schule fing er zunächst in den 50er Jahren an Kunst zu studieren. Sein Mentor war Mark Rothko, ein amerikani-sche Maler russischer Abstammung, der für seine expressionistischen Bilder bekannt wurde. Wong hatte unter Rothkos Fittichen seine erste Kunstaustellung im City Lights Buchgeschäft in San Francisco. Hier lernte er Lawrence Ferlinghetti kennen, dem das Geschäft gehörte. Ferlinghetti war zu einer Zeit ein liberaler politische Aktivist und inspirierte Wong später dazu, doch noch das Studienfach zu wechseln und Politikwissenschaften und Journalismus zu studieren. In den 60er Jahren traf Wong auch auf Jack Kerouac, einer der Größen der sogenannten **BEAT GENERATION**.

Hierbei geht es um eine literarische Gruppe von Autoren, die der amerikanischen Kultur nach den zweiten Weltkrieg maßgeblich Einfluss verlieh. Zu dieser Generation gehörten zudem noch Allen Ginsberg und William S. Burrough. Kerouac portraitierte Wong später in seiner Geschichte BIG SUR aus dem Jahre 1962.

Nach seinen „Kunstjahren" zog es ihn nach Berkeley, Kalifornien, wo er an der Universität oben genannte Fächer studierte. Auch aufgrund seines familiären Hintergrundes fing er an Theologie in Chicago zu studieren. Seine Lehrer waren dort der aus Deutschland ausgewanderte Paul Johannes Tillich, Karl Paul Reinhold Niebuhr und der Österreicher Martin Buber (ein mehrfach nobelpreisnominierter Autor). Für dieses Studium unterbrach er seine Kunstzeit, die er aber nach seiner Rückkehr nach San Francisco fortsetzte.

Nach seinem Kunststudium begann er nochmals Politik und Journalismus zu studieren. Nach diesem Studium wurde er einer der ersten chinesisch-stämmigen TV-Journalisten in Amerika. Er arbeitete im Programm „Newsroom" bei KQED und berichtete vom Vietnamkrieg, dem Zodiac Killer und dem Fall Petty Hearst (eine Entführungsgeschichte um die Enkelin des Medienmoguls William Hearst). Von 1968 bis 1974 arbeitete er im journalistischen Bereich. Dann beendete er auch dort seine Karriere und fing als Schauspieler an.

1982 hatte er seinen ersten Auftritt in **NIGHTSSONGS**. Es sollten im Laufe der 80er noch viele weitere Filme folgen. So war er zu sehen in **IM JAHR DES DRACHEN** (1985), **DER LETZTE KAISER** (1987; hier hatte er große Probleme mit

Regisseur Bernardo Bertolucci aufgrund der Authentizität des Filmes. Bertolucci schnitt daraufhin viele seiner Szenen raus), **AUF DER SUCHE NACH DEM GOLDENEN KIND** (1986) und natürlich **BIG TROUBLE IN LITTLE CHINA** (1986). Auch in John Carpenters DIE FÜRSTEN DER DUNKELHEIT (1987) war er als Professor Howard Birack zu sehen. Eine der kultigsten Rollen hatte er als Ladenbesitzer im Film **TREMORS – IM LAND DER RAKETENWÜRMER** (1990). Wong beendete seine Filmkarriere nach nur 38 Auftritten in Film und Fernsehen 1998 mit den Film **MEGA MOUNTAIN MISSION**, nachdem er zwei Schlaganfälle erlitt.

Wong war viermal verheiratet und hatte fünf Kinder. 1986 starb einer seiner Söhne als dieser von einem anderen Mann in Sacramento attackiert wurde. Wong lebte bis zu seinen Tod in Sacramento. Mit nur 74 Jahren verstarb er an einem Herzinfarkt. Nach den Terroranschlägen vom 11. September in New York blieb er die ganze Nacht wach, da zwei seiner Söhne in New York lebten. Aufgrund der ganzen Aufregung in dieser Zeit und seiner beiden Schlaganfälle konnte er das wohl nicht mehr verkraften und starb irgendwann in der Nacht vom 11 zum 12. September 2001.

Vergessen war gestern, wir sprechen darüber!

VERFLUCHTES AMSTERDAM

Während einer Sightseeing-Tour durch die Grachten von Amsterdam wird die Leiche einer Frau entdeckt. Eric Visser Huub Stapel, ein junger Polizei-Inspektor, wird mit dem Fall beauftragt. Die ersten Ermittlungen laufen gerade, schon werden weitere Frauen kaltblütig ‚abgeschlachtet'. Wie es scheint, taucht der Mörder vollkommen überraschend für seine Opfer aus dem Wasser auf. Nachdem Visser die hübsche Laura kennenlernt, ergeben sich plötzlich merkwürdige Verbindungen zu dem gnadenlosen Killer...

Die Niederlande. Unsere oft verspotteten Nachbarn sind nicht nur für Holzschuhe, Tulpen und betäubende Substanzen bekannt,
nein, sie besitzen auch eine interessante Filmlandschaft. Ein Werk, welches zu den erfolgreichsten Produktionen des flachen Staates zählt, ist der 1988 veröffentlichte Thriller **VERFLUCHTES AMSTERDAM** von Dick Maas. Ein Mix aus Polizei-Thriller und Slasher? Aus Holland? Kann das funktionieren? JA, kann es!

Eines gleich vorab: Ich bin überhaupt nicht bewandert, was das holländische Kino angeht. Überhaupt wusste ich nicht, dass Genre-Filme dort überhaupt existieren. Ja klar, Paul Verhoeven ist mir ein Begriff, aber auch nur durch seine in Hollywood entstandenen Filme. Lediglich die Filmreihe über die asoziale „Familie Flodder" ist in meinem Bewusstsein vorhanden, da ich irgendwann mal einen von diesen Komödien im Fernsehen gesehen habe. Ansonsten ist meine Kenntnis zur holländischen Filmindustrie gleich Null. Erst durch den Podcast der Jungs von „Evil Ed" wurde ich auf diverse Streifen unserer Landesnachbarn aufmerksam. Einen, den ich nach der Beschreibung sofort sehen wollte, war VERFLUCHTES AMSTERDAM oder cooler gesagt, AMSTERDAMNED. Eine holländische Version eines, quasi, Giallos klingt irgendwie weird, aber mein Interesse war sofort geweckt. Nach Sichtung war ich zwar nicht überschwänglich begeistert, da der Film nicht unbedingt innovativ für sein Genre ist, dennoch fühlte ich mich prächtig unterhalten.

Die Story ist erstmal sehr generisch. Ein vermutlich wahnsinniger Serienkiller treibt sein Unwesen und ein etwas ruppiger Ermittler ist ihm auf der Spur. Klassischer geht es zwar kaum, jedoch ist die Umsetzung ziemlich cool. Der Killer ist kein Wald- und Wiesenmörder, sondern ein Taucher, der durch die weltbekannten Grachten schwimmt, aus dem Wasser steigt, seine Opfer abschlachtet und

gut in Szene gesetzt und wissen zu fesseln, obwohl sich der Film mit Gore sehr zurück hält. Gute Kamera, guter Schnitt und die Atmosphäre des nächtlichen Amsterdams erzeugen die richtige Stimmung. Gerade bei der, in diesen Momenten passenden, Musikuntermalung, fühlte ich mich wirklich an die italienischen Gialli erinnert, denn die klingt als würden irgendwo „Goblin" in die Tasten ihres Synthesizers hauen. Auch auf

Amsterdam ist immer eine Reise wert!

wieder im kühlen Nass verschwindet. Dieser Umstand ist irgendwie erfrischend und anders, obwohl es etwas trashy bzw. bizarr anmutet. Dennoch bietet der Film somit einen wunderbaren Schauplatz, denn die Grachten mit ihren endlosen und verwinkelten Wasserstraßen machen optisch durchaus was her und bergen die Möglichkeit für einige originelle Einfälle. Dick Maas zieht seine aus Genre-Versatzstücken zusammengebaute Geschichte gut auf und schafft es Suspense aufzubau-   en. Gerade die Mord-Szenen   sind

anderer Seite zeigt der Film seine Stärken. Gerade unser Hauptcharakter, Kommissar Eric Visser, präsentiert sich als hervorragender Leading-Man, der mit seiner raubeinigen Art gut unterhält. Seine Charakterisierung als alleinerziehender Polizist, der gerne mal auf eigene Faust handelt, mag zwar   etwas abge-   droschen wirken, aber im Film funktioniert sie einfach

Film funktioniert sie einfach. Die anderen Figuren bleiben hingegen etwas blass und auch die Romanze zwischen Visser und der Taucherin Laura bleibt Nebensache.

Dafür konzentriert sich Regisseur Dick Maas voll auf die Schauwerte. Sei es die spannenden Suspense-Szenen oder die handfeste Action, denn die kann sich wirklich sehen lassen. Allen voran die spektakuläre Verfolgungsjagd mit Speed Booten durch die Amsterdamer Grachten ist ein Traum. Hier zeigt Maas sein

ganzes Können und inszeniert Action auf Bond-Niveau, was einen witzigen Touch bekommt, da der Stunt in „Verfluchtes

Amsterdam", bei dem ein Speed Boot über eine Brücke fliegt, den ähnlichen Bootssprung aus *LIVE AND LET DIE* (1973) in der Flugweite übertraf und so den Bond-Film im „Guinness Buch der Rekorde" ablöste. Ich hätte wirklich nicht gedacht, dass ein holländischer Film das liefern könnte, aber ich wurde eines Besseren belehrt. Da können sich die Deutschen eine Scheibe von abschneiden. Nicht nur in den bereits erwähnten Punkten ist alles mehr als stimmig, auch die Darsteller sind voll bei der Sache. Huub Stapel liefert als Kommissar eine treffende Performance ab und spielt sehr sympathisch. Auch die anderen Darsteller, obwohl sie weit weniger Raum zur Entfaltung haben, spielen solide bis gut.

Auch die Musik untermalt, wie schon erwähnt, wunderbar das Geschehen. Klassische 80er Synthie-Mukke, die zwar keine Meilensteine birgt, jedoch so unverschämt cool daherkommt und dem Film einen schönen Flair gibt. Diesen Streifen können sich Genre-Fans beherzt in die Sammlung stellen, denn er muss sich sicher nicht hinter ähnlich gelagerten Filmen aus Italien oder auch Hollywood verstecken. Dick Maas zeigt hier sein Können, so dass es umso mehr schade ist, dass er nie einen internationalen Ruf erlangen konnte, im Gegensatz zu seinem Kollegen Paul Verhoeven.

VERFLUCHTES AMSTERDAM ist ein sehr unterhaltsamer Thriller. Mit Slasher/ Giallo-Elementen und Action gewürzter Polizei-Kracher, der fast zwei Stunden Spaß macht. Wunderbar inszeniert und mit gut aufgelegten Darstellern zeigt Dick Maas, dass er mehr kann als „Flodders". Das hätten die Kollegen aus Italien mit ihren Polizei-Reißern auch nicht besser hinbekommen.

DAVID BRADLEY

Wer war denn nochmal David Bradley? Also nicht der Hausmeister aus Harry Potter, sondern, wie schon im Artikel zu HARD JUSTICE erwähnt, der texanische Action-Darsteller mit der kurzlebigen Karriere. Bradley wurde am 2. Oktober 1953 in eben jenem US-Staat als Bradley Simpson geboren. Vor seiner Zeit als Schauspieler war er Autoverkäufer und trainierte fleißig Kampfsportarten. So ist er nicht nur in Karate ausgebildet, sondern auch in Shotokan, Kempo, Tai Chi und Aikido. In Karate besitzt er den 6. Dan. Parallel zu seinem Job nahm Bradley an diversen Kampfsportturnieren teil und mauserte sich langsam zum bekannten Sportler. So wurde er mehrfach hintereinander US-amerikanischer Karate-Champion, wobei er nur einmal den zweiten Platz belegte.

Durch seine Popularität in der Szene wurde „Cannon-Films" auf ihn aufmerksam und nahm ihn als Schauspieler unter Vertrag. Seine erste Rolle ist auch gleichzeitig seine Bekannteste. Als Nachfolger von Michael Dudikoff debütierte er 1989 als Sean Davidson in **AMERICAN FIGHTER 3 – DIE BLUTIGE JAGD**. Der Low-Budget Actionfilm konnte sich an der Kinokasse jedoch nicht wirklich behaupten und war weit weniger erfolgreich als die beiden ersten Filme mit Dudikoff. Somit war **AMERICAN FIGHTER 3** Bradleys einziger Ausflug ins Kino.

Sämtliche Filme danach wurden für den Video-Markt produziert, sowie auch **AMERICAN FIGHTER 4 – DIE VERNICHTUNG** (1990). Hier war Bradley wieder als Sean Davidson

zu sehen und auch Michael Dudikoff trat noch einmal in der Rolle des Joe Armstrong, der erste **AMERICAN FIGHTER**, auf. Der Film wurde auf dem Video-Markt ein solider Hit und ist auch heute noch bei Fans beliebt. Auch nach dem Konkurs des Studios wurden noch Filme unter dem Banner „Cannon-Video" veröffentlicht - so auch zwei mit David Bradley in der Hauptrolle. Diese waren **AMERICAN SAMURAI** (1992) und **AMERICAN FIGHTER 5** (1993). Ersterer entstand unter der Regie Sam Firstenbergs, der schon die ersten beiden **AMERICAN FIGHTER**-Filme mit Dudikoff inszenierte. Der harte Martial-Arts Film genießt unter B-Action Fans ein großes Ansehen und gehört zu den besten Filmen mit Bradley in der Hauptrolle. Hier hatte auch der spätere Action-Darsteller Mark Dacascos seinen ersten Film-Auftritt. Bradley arbeitete auch weiter mit Firstenberg zusammen. So drehten beide zusammen die Actionfilme **CYBORG COP** (1993), in dem auch John Rhys-Davies zu sehen war, **CYBORG COP 2** (1995) sowie den TV-Film **BLOOD WARRIORS** (1994). 1995 folgte dann **HARD JUSTICE**, der von Vielen als bester Bradley-Actioner angesehen wird. Danach wurde es ruhig um den Martial-Artist. Bis 1997 drehte Bradley noch ein paar sehr günstige Filme wie **CRISIS** (1997) oder **EXPECT TO DIE** (1997), die aber kaum noch Publikum fanden und in der Masse der Video-Produktionen komplett untergingen. Schließlich zog er sich vom Filmbusiness zurück und lebt seitdem zurückgezogen in Texas. Natürlich war David Bradley kein großer Star, doch er drehte ein paar unterhaltsame Filme, die B-Actionfans auch heute noch Spaß machen. Und genau das ist der Grund, warum der Bradster hier mal eine Würdigung bekommt, denn wir vergessen auch die kleinen Sternchen nicht!

THE HIDDEN

Jake Sholder Special

Dass Jack Sholder uns Retroisten für ein Interview zur Verfügung stand, ist schon etwas ganz Besonderes. Es kommt immerhin nicht alle Tage vor, dass man mit einem Hollywood-Regisseur in Kontakt tritt und dieser ein paar Fragen von irgendwelchen „Video Freaks" beantwortet. Und weil ein Interview sowie ein Portrait natürlich noch nicht genug des Guten sind, wollen wir uns doch auch einmal mit einem Film beschäftigen, den der gute Jack in seiner Karriere inszeniert hat. Somit blicken wir mit Freude auf den 1987 erschienen Streifen **THE HIDDEN – DAS UNSAGBAR BÖSE**, der in aller Deutlichkeit beweist, welche Qualitäten in unserem Interviewpartner schlummern!

Als der werte Kollege Till mit der Nachricht um die Ecke kam, dass Jack Sholder ein Interview machen würde, waren nicht nur wir aus dem Häuschen, sondern

auch Till freute sich, als hätte man das Wochenende generell um einen Tag verlängert. Nach meiner freudigen Reaktion dachte ich mir, dass ich mir nun mal wieder **NIGHTMARE ON ELM STREET 2** (1985) ansehen sollte, immerhin der einzige Sholder-Film, der mir zu diesem Zeitpunkt geläufig war. Doch dann prasselten Tills Anweisungen auf mich ein, die mir zu verstehen gaben, dass ich mir **THE HIDDEN** ansehen soll.

Ok, dachte ich mir. Ich hatte von diesem Film noch nie etwas gehört und dachte mir, dass es ja nicht schaden kann, seinen filmischen Horizont zu erweitern. **THE HIDDEN** kommt als klassischer Action-Thriller daher, angesiedelt in Los Angeles. Das wird schon zu Beginn deutlich, denn der wartet mit einer rasanten Verfolgungsjagd auf, in der ein Bankräuber mit einem Ferrari durch die Straßen heizt und dabei nicht nur allerlei Kollateralschaden verursacht, sondern auch gerne Zivilisten über den Haufen brettert, als hätte er zu oft **DEATH RACE 2000** (1975) gesehen.

Dieses rasante, dynamische und gut inszenierte Opening gibt schon einmal die Marschrichtung des Filmes vor, denn langweilig wird es sicher nicht. Der eigentliche Bösewicht ist ein Alien, welches gerne von Körper zu Körper wechselt, um zu morden und zu rauben. Und, wie es das 80er Action-Rezept so will, müssen sich ein Cop und ein FBI-Agent zusammentun, um die Bedrohung zu stoppen. Wir haben also mit einem Mix aus Action-Thriller, Sci-Fi-Horror und Buddy-Movie zu tun, wobei letzteres in den späten 80er Jahren zum großen Trend wurde. Immerhin hatten Martin Riggs und Roger Murtaugh ihren ersten Auftritt auch 1987. Jack Sholder versteht es, auf Basis klassischer Genre-Konventionen, einen rasanten und unterhaltsamen Film zu liefern.

Eine Reihe von merkwürdigen Verbrechern verwirrt die Polizei: die Täter waren allesamt unbescholtene Bürger, die plötzlich ein kriminelles Interesse an lauter Musik, schnellen Autos und Waffen entwickelten. Zur gleichen Zeit wird dem ermittelnden Beamten Beck ein FBI-Kollege namens Gallagher zur Seite gestellt, der mehr über die Amokläufer zu wissen scheint. Tatsächlich handelt es sich bei dem Täter um ein Alien, dass ständig den Wirt wechselt, sobald der Letzte stirbt. Sein Ziel: Macht! Und Gallagher hat die einzige Waffe die das Wesen stoppen kann, denn er ist ebenfalls nicht von diesem Planeten...

Das Drehbuch ist gut geschrieben und bietet neben den normalen Strukturen eines Cop-Films auch originelle Zwischentöne. Wenn das gejagte Alien immer wieder den Wirt wechselt, kurz bevor es „FBI-Agent" Gallagher eliminieren kann, besitzt das schon eine gewisse, wenn auch schwarze, Komik. Ebenfalls gelungen ist das Haupt-Duo. Dass ein FBI-Agent und ein raubeiniger Cop zusammenarbeiten müssen, ist ein beliebtes Muster für Actionfilme, um genug Reibung zwischen den beiden Figuren herzustellen. Dieses Schema verwendet auch *THE HIDDEN*, obwohl der Film das Ganze mit einem, zwar vorhersehbaren aber immerhin funktionierenden, Twist ausstattet. Mit seinen 96 Minuten ist bietet der B-Kracher kurzweilige Unterhaltung, ohne große Längen aufzuweisen. Zwar wirkt alles etwas konstruiert, jedoch schafft es Sholder, diesen Umstand konsequent weg zu inszenieren. Die Action-Szenen sind gut gemacht, auch wenn man spürt, dass das Budget nicht das Größte war. Trotzdem bietet der Film handgemachte Effekte und ein paar blutige Sequenzen, die perfekt auf den rauen Flair abgestimmt sind. Das Alien

an sich ist nur zu Beginn und zum Ende zu sehen, für mehr hat der Effekt-Etat wahrscheinlich nicht mehr ausgereicht. Produziert wurde der Streifen von Robert Shaye für „New Line Cinema", welche auch für die *NIGHTMARE*-Reihe verantwortlich ist, dessen zweiter Teil bekannter Weise Sholder inszenierte. Unter den Darstellern sind vornehmlich Gesichter aus der zweiten und dritten Reihe zu finden. Lediglich unsere beiden Hauptdarsteller dürften dem interessierten Filmfan geläufig sein. Kyle MacLachlan, der später in der von David Lynch entwickelten Serie *TWIN PEAKS* weltberühmt wurde, gibt mit Bravour den Sonderling und hat einige gelungene sowie komische Szenen, wenn er zum Beispiel eine Alka-SeltzerTablette kaut. Sein Spielpartner ist Michael Nouri, der 80er-Fetischisten noch als kerniges Love-Interest von Jennifer Beals im Hit *FLASHDANCE* (1983) bekannt sein dürfte.

Nouri spielt den klassischen Straßen-Cop, der hier und da einen One-Liner zum Besten geben darf und sich dem skurrilen Gallagher durch seine Erfahrungen überlegen fühlt. Beide füllen ihre Rollen gut aus, setzen aber dabei auch keine neuen Akzente. Auch die Musik ist typisch 80's. Synthie-Rock und klassische Instrumentals, wie man sie in den meisten Genre-Filmen dieser Zeit findet. 1994 erschien ein Sequel, unter dem Titel *THE HIDDEN 2: THE SPAWNING*, mit dem aber weder die Darsteller, noch Sholder irgendetwas zu tun hatten. Hierzulande erschien das Original lediglich auf VHS. Auf DVD gibt es zwar mehrere Auflagen, dies sind jedoch alle Bootlegs. Eine offizielle Veröffentlichung für das Heimkino steht noch aus und es wäre schön, wenn sich ein Label dieser kleinen B-Perle annehmen würde.

**THE HIDDEN ist klassische 80er B-Movie Kost, aber eine
verdammt unterhaltsame. Obwohl Jack Sholder das Rad nicht neu erfindet,
legt er
einen rasanten sowie kurzweiligen Genre-Mix aufs Parkett**, der zwar zweck-
mäßig funktioniert aber immer noch origineller ist als viele andere, vergleichbare
Filme. Ein recht spannend und dynamisch gemachter Action-Reißer, gewürzt mit
etwas Science-Fiction und etwas Horror, der gut unterhält.

Jake Sholder Special

Der Regisseur, Drehbuchautor, Produzent und Cutter Jack Sholder wurde am 08.06.1945 in Philadelphia, Pennsylvania geboren. Dort wuchs er im Stadtteil Wynnefield auf. Er ging auf die Gompers Samuel School (eine Grundschule) und später auf Dimner People Beeber Middle School. Dort spielte er bereits erfolgreich Trompete. Eine Passion zur Musik, die ihn nie losließ (siehe Interview).

Der 1,91 Meter große Sholder begann seine Filmkarriere bereits 1970 als Schnittassistent der Dokumentation

DANN WAR MEIN LEBEN NICHT UMSONST – MARTIN LUTHER KING. Der oscarnominierte Film und von den renommierten Regisseuren Sidney Lumet und Joseph L. Mankiewicz inszenierte Film war sein Einstieg ins Geschäft. Es dauerte allerdings noch weitere drei Jahre bis er seinen ersten Kurzfilm nach eigenem Drehbuch drehte: ***THE GARDEN PARTY*** (1973). Es ist eine Verfilmung einer Kurzgeschichte von Katherine Mansfield und ist mit Beatrice Straight (***NETWORK***, 1976 (Oscar als beste Nebendarstellerin), ***POLTERGEIST***, 1982) und Jessica Harper (***SUSPIRIA***, 1977) prominent besetzt. Es folgte das

Drehbuch zum japanischen Yakuza-Film ***THE TATTOOED HIT-MAN*** (1977). Einer der wenigen japanischen Yakuza-Filme in den 70er Jahren, die ins Englische synchronisiert wurden. Übrigens zollte Tarantino in KILL BILL: VOL. 1 (2003) diesem Film Tribut, indem die Tattoos von Boss Matsumoto dieselben sind wie vom Hauptcharakter Yozukura aus diesen Film.

Es dauerte dann noch viele weitere Jahre bis er einen neuen Film selbst inszenierte. Neun Jahre nach ***THE GARDEN PARTY*** drehte er 1982 den Horrorkracher ***ZWEI STUNDEN VOR MITTERNACHT*** (Alone in the Dark) mit den kürzlich verstorbenen Martin Landau, Donald Pleasence, Jack Palance und Dwight „Howling Mad Murdock" Schultz. Dazwischen schnitt er 1981 den Film ***BRENNENDE RACHE*** (The Burning).
Es folgte 1985 sein wohl größter Erfolg bis jetzt: ***A NIGHTMARE ON ELMSTREET PART 2 – FREDDYS REVENGE*** (Nightmare 2 – Die Rache). Es folgte zwei Jahre später ein absoluter Kultfilm: ***THE HIDDEN*** mit Kyle McLachlan und Michael Nouri. Für diesen Film gewann er einige Preise (so u.a. für den besten Regisseur beim internationalen Fantasyfilmfest beim Fantasporto oder den Preis der internationalen Kritik beim Sitges Filmfestival). Danach drehte er den Actionfilm ***RENEGADES*** (1989) mit Kiefer Sutherland und Lou Diamond Phillips und den genialen ***12:01*** (1993).

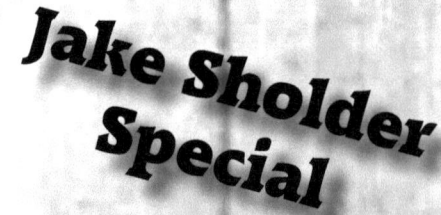

Auch der Fantasyfilm **GENERATION X** (1996) geht auf sein Konto. Der Film, der im X-Men-Universum angesiedelt ist ging leider nie in Serie (obwohl dies angedacht wurde). 1999 schrieb und drehte er den Film **WISHMASTER 2**. Zwischendurch war er auch für das Fernsehen tätig und drehte Episoden für solch TV-Serien wie **GESCHICH-TEN AUS DER GRUFT** (1990 – Fitting Punishment), **PENSECOLA – FLÜGEL AUS STAHL** (1997 – Birds of Prey) oder **TREMORS** (2003 – Shriek and Destroy).

Sholder unterrichtet an der Western Carolina Universität Filmwissenschaften. Dies hat er aber zur Zeit auf Eis gelegt, da er nun wieder zu drehen beginnt. Wir wünschen ihm bei seinen neuen Projekten alles erdenklich Gute.

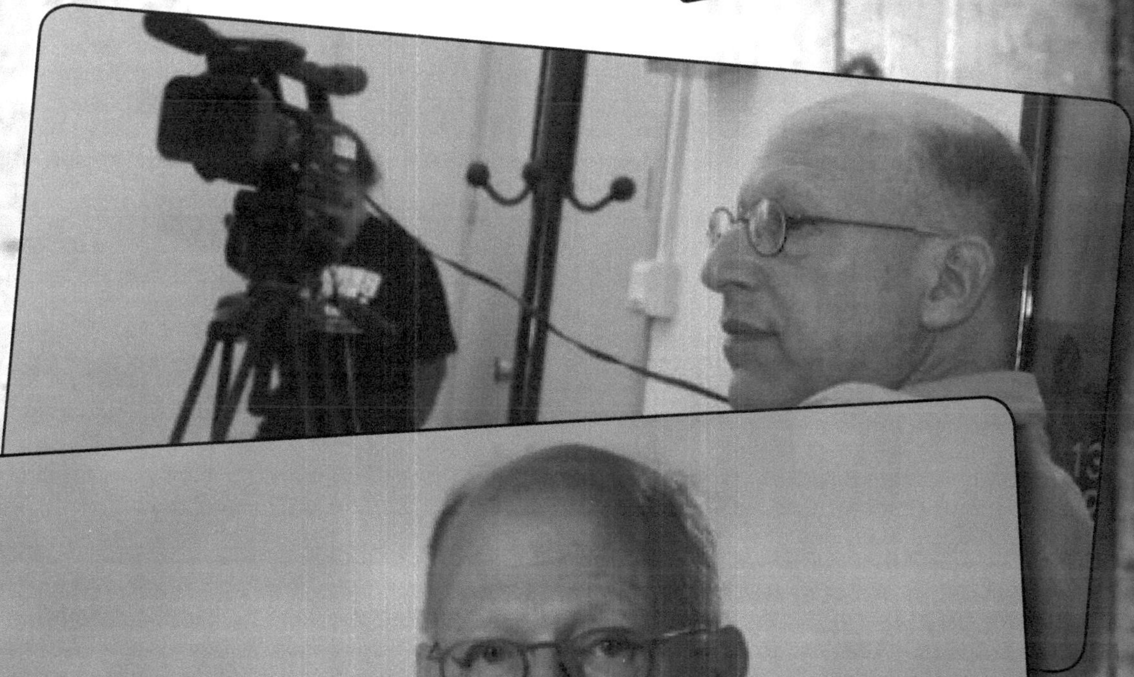

Vergessen war gestern, wir sprechen darüber!

Retro Film: Als allererstes möchte ich mich bei Ihnen für die Zeit bedanken, die Sie uns schenken. Ich glaube Sie haben eine große Fangemeinde hier in Deutschland. Besonders wegen ihrer Filme *A NIGHTMARE ON ELMSTREET 2* und *THE HIDDEN*. Wenn man unsere Leser fragt wer Jack Sholder ist werden wahrscheinlich die meisten mit der Schulter zucken. Wenn wir dann aber aufzählen welche Filme oder TV-Episoden Sie als Regisseur gedreht haben, dann
kennen fast alle Ihrer Filme. Sind Sie doch bitte so nett undstellen sich kurz vor.

Jack Sholder: Hallo an alle. Ich wollte schon immer ein Teil der Dinge sein, die ich liebe und die mir Freude bereiten. Als ich auf der High-School war, wollte ich in einem Orchester Trompete spielen (im Übrigen mache ich das heut immer noch) – also Musik. Dann wollte ich Autor werden – also Literatur. Und zu guter Letzt wollte ich im Film arbeiten, welches in gewisser Weise Musik und das Erzählen von Geschichten verbindet. Ich machte einen Abschluss in englischer Literatur, zog nach New York City und startete als Filmcutter. Während dieser Zeit traf ich Bob Shaye, der grade dabei war New Line Cinema als Vermarkungsfirma für Independentproduktionen und ausländischen Filmen zu gründen. Eine lange Beziehung zwischen mir, New Line Cinema und Bob begann. Ich schnitt viele Trailer von früheren Filmen die sie vermarkten wollten. Einige gute waren dabei und einige merkwürdige wie die frühen Filme von Werner Herzog und John Waters sowie eine Vielzahl nicht guter Action- und Horrorfilme. Von diesen lernte ich aber wie der Film funktioniert. Ich hatte schon immer den Gedanken eine Karriere als Filmregisseur zu machen und drehte auch einige Kurzfilme während dieser Zeit.

Retro Film: Gutes Stichwort. 1973 drehten Sie Ihren ersten Kurzfilm namens *THE GARDEN PARTY*. Erzählen Sie doch bitte um was es in diesen Film geht. Denn der ist hier in Deutschland absolut unbekannt.

Jack Sholder: Eigentlich drehte ich bereits vier Kurzfilme vor *THE GARDEN PARTY*. In *THE GARDEN PARTY* geht es um ein junges Mädchen, die sich ein Jahr nach dem zweiten Weltkrieg outet. Der Film basiert auf einer Kurzgeschichte von Katherine Mansfield. In gewisser Weise ist das ein Film, der genau das wiederspiegelt, was ich als Regisseur werden wollte: Humanist, Literaturliebhaber, klassischer Erzähler. Der Film gewann einige Preise auf Festivals und wurde im Fernsehen gezeigt. Zudem war Shaye nach diesen Film überzeugt davon, dass ich ein guter Regisseur bin.

Retro Film: Mit dem zweiten Teil der *A NIGHTMARE ON ELMSTREET*-Reihe (A NIGHTMARE ON ELMSTREET PART 2: FREDDYS REVENGE (1985))haben Sie frischen Wind und neue Ideen in das Franchise gebracht. So ist der Humor in diesen Teil der Reihe ziemlich schwarz-sarkastisch. Was war Ihrer Meinung nach der ausschlaggebende Punkt, dass Sie den Zuschlag für die Regie bekommen haben?

Jack Sholder: Ursprünglich sollte Wes Craven Regie führen. Da er aber das Drehbuch von Dave Chaskin nicht mochte verließ er die Produktion sechs Wochen bevor gedreht werden sollte. Bob Shaye hatte Vertrauen zu mir. Ich war von Anfang an im Entstehungsprozeß des Filmes involviert. Ich war Berater während des Schneidens und so kannte ich den Film und Bob gut. Er und Sarah Risher, die Produzenten, gaben dann die Regie an mich weiter. Obwohl ich kaum Zeit hatte, konnte ich dennoch ein wenig
am Drehbuch mitwirken. Wenn es irgendetwas gab was ich dem Film hinzufügen konnte, dann ist es meine Art von Humor und meinen Zynismus. Wes Craven wollte mit dem ersten Teil der Reihe etwas über den Zusammenhang von Psychologie und Träumen aussagen. Ich wollte nur Spaß. Und ich wollte ihn angsteinflößend machen. Zudem mochte ich den versteckten sozialen Aspekt im Drehbuch.

Retro Film: Das produzierende Studio des Films New Line Cinema befand sich vor Drehbeginn in einer Krise. Wäre dieser zweite Teil gescheitert, wäre auch New Line gescheitert. Hat man diese Anspannung während der Dreharbeiten gespürt? Gab es Druck von außen oder ließ man Ihnen weitestgehend freie Hand?

Jack Sholder: Ich glaube New Line wollte einfach nur einen ordentlichen Film mit den Titel ELMSTREET 2 haben und ihn veröffentlichen. Sie hofften, dass der Film knapp 70 – 80 % der Einnahmen vom ersten Teil machen würde. Wie sich herausstellte, spielte der Film sogar ein wenig mehr
ein. New Line machte mit dem Franchise eine Menge Geld. Wie du vielleicht weißt, wollte New Line nicht Robert Englund als Freddy engagieren. Sein Agent wollte zu viel Geld. So dachten sich die Verantwortlichen, sie könnten jeden für diese Rolle casten. Ich widersprach dem Vorschlag und Robert wurde dann doch besetzt. Ohne ihn gab es keinen Erfolg. Den einzigen wirklichen Druck den ich spürte war, dass der Film innerhalb seines Budgets bleiben sollte. Zudem war der Zeitplan sehr schwierig einzuhalten.

Retro Film: Horrorfilme können bestimmte gesellschaftliche Themen auf fantastische Art und Weise dem Publikum übermitteln. Der Drehbuchautor von **NIGHTMARE 2** David Chaskin (der danach leider nicht mehr an diesen Erfolg anknüpfen konnte) sagte einmal, dass er mit Absicht einen homoerotischen Kontext in die Geschichte reinbrachte. So ist hier der Hauptcharakter des Films (neben Robert Englund) als bislang einziger in der Reihe männlich. Und viele Szenen im Film werden als Allegorie zu Jesses Homosexualität gesehen. Wahrscheinlich ist dies auch dem Umstand geschuldet, dass Mark Patton, der den Jesse spielt, im wahren Leben ebenfalls homosexuell ist. Haben Sie diese Intention bewusst benutzt um dem Publikum die zwanghafte Unterdrückung der eigenen Sexualität zu zeigen?

Jack Sholder: Der homoerotische Aspekt war für mich unerheblich. Ich sah ihn als Teil des sozialen Untertons des Films an. Zu der Zeit lebte ich in West Village in New York City und war mittendrin im homosexuellen Milieu. Einiges fand ich doch recht amüsant und benutzte das im Film als Teil einer Sozialsatire. Nachdem ich mir den Film nach gut 20 Jahren das erste Mal wieder ansah, erkannte ich, dass Mark es geschafft hatte durch seine Rolle als Jesse den homosexuellen Unterton noch stärker hervorzurufen. Ich glaube, dass wenn wir einen stärker heterosexuellen Schauspieler engagiert hätten, wäre diese Form der Kritik weniger zur Geltung gekommen. Das war aber nicht der Hauptgrund warum Mark die Rolle bekam. Ich wollte, dass Jesse sehr verletzlich dargestellt werden sollte. Mark konnte das und so engagierte ich ihn und New Line stimmte zu. Es gab natürlich einige Szenen im Drehbuch die den homosexuellen Subtext unterstreichen. Besonders die perversen Interaktionen zwischen Jesse und Freddy. Aber ich benutzte die gezielt und machte sie zum Teil des Films. Wie jeder gute Regisseur der seine Arbeit liebt, verstehe ich auch diesen Film einerseits auf seinen unterbewussten Level und andererseits seine bewusste Seite. Ich habe mit **NIGHTMARE 2** versucht beides miteinander zu verbinden. Sowohl ich, als auch die Verantwortlichen von New Line waren dann aber schon ein wenig amüsiert, als der Film rauskam und die Kritiken etwas über den homosexuellen Aspekt schrieben.

Jake Sholder Special

Vergessen war gestern, wir sprechen darüber!

Retro Film: Ihr nächster Film nach **NIGHTMARE 2** war der zum Kultfilm aufgestiege-
ne **THE HIDDEN** (1987). Der Film, der die Jagd von zwei unterschiedlichen Gesetzes-
hütern (Michael Nouri und Kyle MacLachlan) auf einen Alienparasiten zeigt, ist eine Art
Science-Fiction-Action-Buddymovie. Viele bekannte Schauspieler des Genres sind hier
zu sehen. Michael Nouri, der den Detektive Tom Beck spielt, soll während der Dreharbeiten etwas schwierig gewesen sein. Berichten Sie uns doch bitte davon. Und ist es
möglich, dass ein Zusammenhang zwischen seiner schlechten Laune und der Tatsache,
dass er zu dieser Zeit die Rolle des Martin Riggs in **LETHAL WEAPON** (1987) an Mel
Gibson verloren hat, besteht?

Jack Sholder: Ich glaube, dass Michael Nouri nach seinem Film **FLASHDANCE** (1983)
eine größere Karriere erwartet hatte Mit **THE HIDDEN** dachte er wohl, er macht einen
Rückschritt. Von einer großen Studio-Produktion zu einem Low Budget Horror/Sci-Fi-
Film mit einem Regisseur, dem er nicht trauen konnte. Also hat er sich in gewisser
Weise geschützt. Während der Dreharbeiten hatte ich immer ein gutes Gefühl bei seiner
Darstellung. Aber er folgte häufig nicht meinen Anweisungen. Das machte alles ein wenig komplizierter. Kyle McLachlan war sehr ruhig und mit ihm war es einfach zu arbeiten. Vieles was sein Charakter macht, ist eine Reaktion auf Michael. Ich konzentrierte
mich hauptsächlich darauf, mit Michael zu arbeiten. Ich versuchte herauszufinden, wie
wir beide zusammenarbeiten könnten, was nicht immer einfach war. Obwohl Michael
die eigentliche Hauptrolle hat, fühlt sich der Film ironischerweise als Kyles Film an. Er
liefert eine wunderbare Performance ab. Nach dem Film haben Michael und ich über
unsere Erfahrungen geredet. Das ist jetzt alles Geschichte für uns.

Retro Film: Eines der großen Themen der Hollywood-Blockbuster unserer heutigen
Zeit sind Adaptionen von Comics. Ob nun die ganzen Filme und Serien die im **AVEN-
GERS**-Universum spielen oder die **X-MEN**-Reihe und ihre Ableger. Sie drehten bereits
1996 einen Fernsehfilm namens **GENERATION X**. Dieser Film siedelte sein Setting
bereits im **X-MEN**-Metier an (auch wenn es Unterschiede gibt) und spielt u.a. in Charles
X. Xaviers Mutantenschule. Warum wurde nichts aus der TV-Serie zu dem dieser Film
der Pilot sein sollte?

Jack Sholder: Das kann ich wirklich nicht beantworten. Ich weiß, dass es viele Fans
des Films gibt. Und ich denke, dass der Film auch richtig gut ist. Im Vergleich zu den
heutigen Marvel-Verfilmungen hatte ich ja ein sehr geringes Budget. Und nochmal:
Auch hier gab es eine Menge versteckter sozialer Kommentare. Und wir benutzen eine
Menge unserer Kreativität und unsere Inspiration anstatt eine Menge Geld und digitale
Effekte.

Retro Film: Neben dem Regieführen lehren Sie auch an der Western Carolina Univer-
sity in Culowhee in Nord Carolina. Was genau bringen Sie ihren Studenten denn bei und
haben Sie schon ein Talent entdeckt?

Jack Sholder: Ich bringe jungen Menschen den Film näher. Obwohl ich selber nie
studiert oder anderen etwas gelehrt habe, bringe ich den Studenten nun etwas über
die Regieführung und dem Schneiden bei. Ich habe gelernt indem ich Filme instinktiv
gemacht habe, anstatt Filme nach bestimmten Regeln zu drehen. Und es ist im Nach-
hinein interessant festzustellen, warum und wie ich etwas gedreht habe. Das versuche
ich den Studenten beizubringen. Aber das ist ein langer Prozess. Und klar gibt es einige
große Talente darunter. Aber es ist noch zu früh für diese jungen Menschen Erfolg zu
haben.

Retro Film: Jeder der Filme dreht, freut sich, wenn sein Film Erfolg hat. Das kann aber auch Fluch und Segen zugleich sein. Was denken Sie, ist denn der größte Unterschied im Filmbusiness der 80er Jahre zur heutigen Zeit oder gibt es vielleicht keinen?

Jack Sholder: Solche Filme, wie ich sie damals drehte, gibt es heute nicht mehr. Mein Budget lag immer zwischen 5 – 10 Millionen US-Dollar. Heute gibt es nur die großen teuren Produktionen und die kleinen Billigen. Die Digitalisierung eines Films macht Heute den Großteil einer Produktion aus und in vielen Fällen trägt diese auch den gesamten Film. Ich glaube, dass sich Filmemacher während der Dreharbeiten wieder disziplinieren müssen. Aber die Essenz eines jeden Films ist es, die Geschichte gut zu erzählen. Und ein guter Film, ist ein guter Film.

Retro Film: Und nun die alles entscheidende Frage zum Schluss: Welcher ihrer eigenen Filme ist ihr Favorit und warum?

Jack Sholder: Das ist einfach: *THE HIDDEN*. Auch heute noch möchte ich kaum etwas ändern, wenn ich die Möglichkeit hätte. Die Geschichte ist großartig und gut gemacht. Auch *ZWEI STUNDEN VOR MITTERNACHT* (1982), welchen ich schrieb und bei dem ich Regie führte, finde ich gut. Ich mag auch *12:01* (1993) sehr gerne. Er hat Humor, eine kleine Romanze ist auch dabei und die Geschichte ist gut erzählt. Auch *CONDITION RED* (1990) finde ich gut. Mein sogenannter erster „Erwachsenen"-Film.

Retro-Film: Sehr geehrter Herr Sholder, wir danken Ihnen für dieses Interview und wünschen Ihnen weiterhin viel Erfolg.

A Nightmare ON ELM STREET 2

FREDDY'S REVENGE

Jack Sholder hat ein paar gelungene Filmchen auf dem Kerbholz, was man am bereits beschriebenen **THE HIDDEN** (1987) unbestreitbar erkennen kann. Doch was wäre ein Special zu solch einer Genre-Koryphäe des guten alten B-Films ohne seine wohl bekannteste und auch erfolgreichste Arbeit? Richtig, gar nichts! Deswegen begeben wir uns nun nochmal in das gute alte Springwood und folgen den alptraumhaften Spuren Freddy Kruegers im 1985 erschienen **NIGHTMARE ON ELM STREET PART 2**.

Als 1984 NIGHTMARE ON ELM STREET das Licht der Leinwand erblickte, konnte keiner ahnen, dass der, unter schwierigen Drehbedingungen entstandene Film, zu einem Klassiker des modernen Horrorfilms werden würde. Altmeister Wes Craven gab dem bereits ausgelutschten Slasher-Genre neue Impulse und erweiterte es durch eine surreale sowie übernatürliche Komponente. Mit der Figur des Alptraummörders Freddy Krueger wurde ein Kult-Charakter geboren, der fester Bestandteil der Popkultur wurde. Ich persönlich bin der Meinung, dass

Cravens Film einer der besten Horrorfilme aller Zeiten ist, aber das ist ein anderes Thema! Nach dem großen Erfolg war eine Fortsetzung schnell beschlossene Sache und da kam unser Freund Jack ins Spiel. Da Craven keine Lust auf eine Fortsetzung hatte, nahm Sholder, unter der Leitung von „New Line", auf dem Regiestuhl Platz, um „Freddys Rache" zu inszenieren.

Diese deutsche Tagline ist übrigens völliger Mumpitz, da unser liebstes Pizzaface sich hier eigentlich an keinem rächt, aber egal. Die Story arbeitet dieses Mal mit völlig neuen Charakteren und dreht sich um den 17-jährigen Jesse Walsh, der mit seiner Familie in das Haus von Nancy Thompson, der Hauptfigur des ersten Films, einzieht. Schon bald stellt sich dieser Umstand als fatale Fehlentscheidung heraus, da nun auch Jesse von Alpträumen heimgesucht wird und Krueger langsam aber sicher von ihm Besitz zu ergreifen scheint, um ihn für sei- ne mörderischen Absichten zu missbrauchen.

Jake Sholder Special

Vergessen war gestern, wir sprechen darüber!

Fünf Jahre sind vergangen, seit Freddy Krueger heulend in der Hölle verschwand. Doch jetzt wird ein Neuling in der Elm Street Nacht für Nacht von fürchterlichen Visionen des tödlichen Traumdämons verfolgt. Und wenn es Freddys verkorkster Seele gelingt, vom Körper des Jungen Besitz zu ergreifen, dann kehrt er aus der Totenwelt zurück, um die gesamte Stadt in blutiges Chaos zu stürzen.

Viele Fans sind merklich unzufrieden mit Sholders Sequel und bezeichnen ihn seit jeher als schlechtesten Teil der **NIGHTMARE**-Reihe. Auch Krueger-Schöpfer Wes Craven war von dem Film anscheinend weniger angetan, was er 1996 durch den Mund Drew Barrymores in **SCREAM** zum Ausdruck brachte. Ich persönlich stelle mich diesen Aussagen etwas entgegen. **NIGHTMARE 2** ist kein schlechter Film. Die Fortsetzung hat viele interessante Ansätze und Ideen, wie zum Beispiel die Anfangsszene, in denen Freddy ein paar Jugendliche per Bus buchstäblich zur Hölle schickt. Eine durchaus abgefahrene Sequenz, die sowohl kreativ, als auch spannend daherkommt. Auch die Tatsache, dass der Schlapphut tragende Killer versucht, die Kontrolle über Jesses Körper und dessen Verstand zu übernehmen, lässt sich gut an und erzeugt ein paar sehr gelungene Momente. Wenn Freddy durch Jesses Körper wiedergeboren wird, ist das schon sehr creepy, und auch gut umgesetzt. Allgemein kann man Sholders Inszenierung nicht viel vorwerfen, sie ist stimmig und routiniert. Was dem Film fehlt ist die Dynamik des ersten Teils und auch wenn der Film ein paar schöne Szenen hat, erreichen sie nie die Intensität des Vorgängers. Craven konnte bessere Bilder komponieren und die übernatürlichen Sequenzen besser zur Geltung bringen.

Dieses Fingerspitzengefühl geht Sholder merklich ab, aber ihn mit Wes Craven zu vergleichen ist auch ein schnell verlorenes Spiel. So kommt es durchaus auch vor, dass **NIGHTMARE 2** die eine oder andere Länge aufweist, die oftmals für etwas Langeweile sorgt. Nichtsdestotrotz beweist der Filmemacher, dass er cooleSzenen auf Zelluloid bannen kann. So ist die blutige Gartenparty, die Duschszene sowie das packende Finale gutes Referenzmaterial, was durch ein eher schwaches Skript etwas in Mitleidenschaft gezogen wird.

Wie schon angesprochen, ist die Idee, dass Freddy Jesses Körper übernimmt, recht gelungen. Doch sie wird eher etwas schwierig dargestellt, da der Zuschauer Probleme hat das Geschehene einzuordnen und man nie richtig weiß, was jetzt genau Sache ist. Ob das dem Drehbuch von David Chaskin oder der Regie von Sholder anzulasten ist, kann ich nicht beurteilen. Auch streut der Film zum ersten Mal etwas schwarzen Humor ein, der sich jedoch nicht, wie in den späteren Sequels, in den zynischen One-Linern äußert, sondern eher graphisch ausfällt. Sei es die explodierenden Wellensittiche, Würstchen oder Bierdosen sowie eine Szene in einer schwulen Leder-Bar. Letzteres mündet in eine skurrile Szene, in der Bälle zum Leben erwachen, das Opfer ausgezogen, unter die Dusche gezerrt und mit einem nassen Handtuch auf den Hintern malträtiert wird. Diese kleinen Spitzen wirken sich aber nicht sonderlich schwer auf die Grundtonalität des Films aus, welche sich eher an den ersten Teil hält. Wo wir gerade bei dem Thema „schwul" waren. Dem Film wird seit seines Erscheinens ein homosexueller

Subtext nachgesagt, der bei bewusstem Schauen stark ins Auge sticht. So ringt Jesse mal mit einer Schlange oder mit einem anderen Schüler, inklusive heruntergelassener Hosen. Generell ist Jesse sehr oft mit nacktem Oberkörper zu sehen. Auch die Tatsache, dass er sich in einer Szene vor den sexuellen Avancen seiner besten Freundin rettet und in das Schlafzimmer eines Freundes flüchtet, um bei ihm zu übernachten, verstärkt diesen Eindruck. Wenn Jesse dann, in diesem Kontext noch Aussagen trifft, wie „Er will mich!" oder „Er will mich wieder nehmen!", dann lässt das zwar auch auf ein sexuell sehr gestörtes Wesen tippen, sorgt jedoch im Rahmen der Handlung für einzelne Grinse - Anfälle.

Zwar könnte der Autor eine sexuelle Unwissenheit metaphorisch im Sinn gehabt haben, jedoch bekommt diese Theorie einen unangenehmen Beigeschmack, wenn sich Jesse am Ende für seine Freundin entscheidet, was für die Rettung vor Krueger sorgt. Jetzt könnte man dem guten Mr. Chaskin eine gewisse homophobe Gesinnung unterstellen. aber das wollen wir hier ja nicht, es geht schließlich um den Film. Schauen wir mal in die schauspielerische Abteilung, welche sich uns mit eher unbekannten Gesichtern präsentiert, was auch ein Manko im Fall **NIGHTMARE 2** darstellt. Hauptdarsteller Mark Patton wirkt nur leidlich sympathisch und hat die Angewohnheit dem Zuschauer, durch sein konsequentes Gejammer, erheblich auf die Nerven zu gehen.

Auch gewinnt er wenig Profil und sieht eher aus, wie der depressive Cousin von Kevin Bacon. Auch seine Partnerin, Kim Meyers, die hier als Lisa zu sehen ist, kann nur leidlich Eindruck hinterlassen und bleibt, trotz Bemühungen, eher blass. Jedoch finde ich, dass sie der jungen Meryl Streep sehr ähnlich sieht, wollte ich jetzt nur mal erwähnen. Der Rest der Riege besteht ebenfalls aus unbekannten Gesichtern, die routiniert zu Werke gehen, aber auch keinen hinter dem Ofen hervor locken. Es könnte an einem unglücklichen Casting liegen oder die auch in den Fortsetzungen greift, egal ob die jetzt gut oder schlecht sind. Anders als bei modernen Filmen, wie z. B. Nolans *INCEPTION* (2010), in dem das Kreativste daraus besteht, dass ein paar Straßen hochklappen, sind die Filme um Freddy Krueger immer wieder erfrischend und zeigen, wie Surrealismus und eben Traumlogik funktionieren.

Jack Sholders **NIGHTMARE ON ELM STREET 2** ist ein würdiges Sequel, welches einige gute Ideen und gute Szenen zu bieten hat, die sich aber

auch an schlechter Arbeit auf der Autoren Seite. Ich tippe auf eine Mischung aus Beidem.

Das klingt vielleicht jetzt alles nicht so dolle, jedoch ist **NIGHTMARE ON ELM STREET 2** kein schlechter Film, sondern ein durchaus vertretbares Sequel. Was man dem Film, eigentlich der ganzen Film-Reihe, zu Gute halten muss, ist ihr Sinn für abgefahrene Ideen und starke Bilder. Diese Filme verstehen das Prinzip „Träume" und arbeiten mit Traumlogik, auch gelegentlich im etwas schwachen Skript verlieren. Nichtsdestotrotz besitzt der Film einige schöne Momente, eine gute Atmosphäre und eine ansprechende Grundidee. Blasse Schauspieler und ein schwieriges Drehbuch nagen an der Qualität und Sholder besitzt leider nicht die Finesse eines Wes Craven. Jedoch bleibt der Film durchaus unterhaltsam und ist im soliden Mittelfeld der Reihe anzusiedeln

Tragödien, die die Welt bewegen. Nicht selten kommt es vor, dass Ereignisse von politischer Brisanz oder großem Medienecho, Vorlagen für filmische Stoffe bilden. Mal werden Begebenheiten Eins zu Eins verfilmt oder geringfügig bis auffallend stark variiert. Manchmal kommt es auch vor, dass reelle Zusammenhänge für spekulative Verarbeitungen ausgeschlachtet werden, um des Effektes willen. In welche Kategorie das reaktionäre Action-Vehikel **DELTA FORCE** (1986) einzuordnen ist, liegt schnell auf der flachen Hand. Und genau mit dieser Hand klatscht uns „Cannon-Films" pathetisch, rassistischen US-Kitsch tief ins Fressbrett.

Am 14.Juli 1985 startete die Boeing 727-200, der „TWA"-Gesellschaft, vom Flughafen der griechischen Hauptstadt Athen, mit dem Kurs auf Rom. Kurz darauf zwangen zwei Libanesen die Piloten zur Kursänderung, in dem sie mit Pistolen und Granaten, die sie zuvor an der Sicherheitskontrolle vorbei geschmuggelt hatten, die 153 Passagiere bedrohten. Das

Flugzeug wurde nach Beirut entführt. Im Austausch für eine Volltankung wurden Geiseln freigelassen und die Maschine flog nach Algier, Nordafrika. Von dort aus ging es wieder nach Beirut zurück, wo Passagiere, die jüdische Namen trugen, verschleppt wurden. Zudem wurde ein Taucher der US-Navy erschossen und auf die Landebahn geworfen. Nach einem weiteren Flug nach Algier und wieder zurück, dauerte es bis zum 30.Juni, bis alle Geiseln wieder frei waren. Hintergründe der Entführer waren politische Motive.

Dieses Ereignis bewegte damals die ganze Welt, weswegen Hollywood nicht lange auf sich warten ließ, um dieses Drama auf die Leinwand zu bringen. Doch Menahem Golan und Yoram Globus waren schneller. Die beiden israelischen Fließband-Produzenten, die mit **CANNON-FILMS** alles bedienten, was die Eck-Videothek hergab, nahmen sich dem Stoff

Terroristen unter der
Führung von Abdul ent-
führen eine Boeing 707
der American Travelways
Airlines (ATW) auf dem
Flug 282 von Athen nach
Rom. Der Präsident setzt
McCoy und dessen Trup-
pe auf Abdul an. Abdul
separiert die jüdischen
Geiseln und lässt diese
bei einem Zwischenstopp
in Beirut heimlich von
Bord bringen. Auch zwei
Soldaten der Navy wer-
den mit abtransportiert,
außerdem ein Priester
der sich den jüdischen
Geiseln anschloss. Gleichzeitig kommen weitere
Kämpfer von Abduls Or-
ganisation an Bord, was
der Delta Force ebenfalls
verborgen bleibt - sie
gehen weiterhin von zwei
Hijackern aus.

CHUCK NORRIS
LEE MARVIN
HANNA SCHYGULLA

DELTA FORCE,
die unbesiegbare
US-Spezial-Einheit,
zu der auch
Rambo gehörte,
zum erstenmal
im Einsatz.

DELTA FORCE

CHUCK NORRIS · LEE MARVIN
in einer GOLAN-GLOBUS Produktion

an und schusterten daraus einen bein-
harten Action-Reißer, in dem Ameri-
kas Allzweck-Waffe Chuck Norris den
bösen Terroristen zeigen darf, wo der
Frosch die Locken hat.

Die Handlung hält sich sehr eng an
das reelle Vorbild. So ist die erste
Hälfte ein recht interessantes Stück,
denn hier wird wirklich eine gelungene
Spannung aufgebaut. Wenn die beiden
arabischen Hijacker das Flugzeug
kapern, wird die Angst in der Maschine spürbar. Die militärischen Aktionen
rund um Norris und Co bleiben
dezent im Hintergrund und der Zuschauer ist bei den Geiseln.
Diese müssen einiges über sich erge-
hen lassen, wie zum
Beispiel die Separierung der jüdischen Passagiere. Hier wird der Film
fast schon zu einem Drama. Natürlich
erweist sich dies nur als blankes Kal-
kül, denn sobald die meisten Geiseln
befreit sind, dürfen Chuck und seine
Mannschaft ans Werk. Dann gibt es
klassisch reaktionäre Baller-Action.

Nachdem zum Beispiel der Vietnamkrieg und die Bedrohung durch die Sowjetunion bereits dafür herhalten musste, damit „patriotisch"-gesinnte Amerikaner ihre Allmachts- und Vergeltungsfantasien ausleben konnten, werden diesmal eben die Klischee- Araber zur Zielscheibe der materialistischen MG-Offensive. Hier steht die USA über allem und wenn ein Entführer mit einem Attentat auf das Weiße Haus droht, wird ihm von einem Passagier eindringlich geraten, das nicht zu tun, da dies ja glatter Selbstmord wäre. Leg dich eben nicht mit den Amerikanern an, hat schon meine Mama gesagt, okay sie hat es nicht gesagt aber wir wissen, was gemeint ist! Es ist sehr ärgerlich, da der Film wirklich, besonders in der ersten Hälfte, interessant ist. Da wäre wirklich eine spannende Geschichte drin gewesen, ist sie eigentlich auch, doch **DELTA FORCE** negiert jegliche Ambition und verkommt zum klassischen Hau-Drauf Actioner. Es wird geschossen, gesprengt und Roundhouse-Kicker Norris darf ein paar trockene One-Liner vom Stapel lassen, während er dem fiesen Abschaum den Garaus ausmacht.

Für B-Fans und „Cannon"-Liebhaber, wie ich ja einer bin, dürfte das natürlich ein Fest sein, da es ordentlich rummst. Ist es auch, beziehungsweise wäre es auch, wenn der Film von Anfang an so gestaltet worden wäre. Hier passen die Teile einfach nicht wirklich zusammen, da Albernheiten wie Raketen feuernde Motorräder und Norris' Bazooka-Angriff, die dem Ganzen einen eher trashigen Anstrich verpassen, den Impact schmälern, den der Film zu Beginn versucht zu vermitteln. Hier werden keine kritischen Sichtweisen beleuchtet, hier werden auch nicht die Entführer gezeichnet, denn die sind einfach nur Extremisten. Hier wird Kanonenfutter für Norris' Kampfarmee aufgebaut,

welches es zu pulverisieren gilt. An der Inszenierung gibt es da weit weniger auszusetzen. „Cannon"-Chef Menahem Golan nahm höchstpersönlich auf dem Regiestuhl Platz, um seine Vision zu verwirklichen. Über seine Vision kann man sich streiten, jedoch ist diese filmische Streitkraft-Reklame routiniert und sauber in Szene gesetzt. Gerade im Actionteil inszeniert Golan ein paar coole Szenen und weiß seine Pyrotechnik wirksam einzusetzen. Der Film sieht daher weitaus teurer aus, als er wahrscheinlich war. Jedoch ist der Spaß pathetisch bis zum Anschlag und führt das zugrunde liegende Flugzeugdrama ab absurdum. Da fallen auch Chucks peinlicher Bike-Finisher und die finalen „America, America!"-Rufe nicht mehr groß in das Gewicht. Das ist wirklich schade, wenn man bedenkt, was für eine hochkarätige Besetzung sich hier versammelt hat.

Lassen wir mal den texanischen Handkanten-Republikaner Chuck Norris, der sich quasi wieder selbst darstellt, aus dem Spiel, haben wir hier noch Hollywood-Legende Lee Marvin an Bord, für den **DELTA FORCE** der letzte Filmauftritt war, da er 1987 verstarb. Marvin hat einige schöne Szenen, bleibt jedoch oft im Abseits. Das gleiche gilt auch für Steve James, der aber von der „Delta Force" noch am meisten im Bild zu sehen ist. Wirklich interessant sind die Darsteller in den Nebenrollen. George Kennedy (**DER UNBEUGSAME** (1967), Martin Balsam (**DIE 12 GESCHWORENEN** (1957)), Joey Bishop (**FRANKIE UND SEINE SPIESSGESELLEN** (1960)), Bo Svenson (**HEARTBREAK RIDGE** (1986)), Robert Vaughn (**BULLITT** (1968)) und Shelley Winters (**LOLITA** (1962)). Hier hat sich wirklich ein Who-is-Who vor der Kamera versammelt, die auch alle eine gewisse Reputation besaßen.

Wahrscheinlich dachten sie, sie drehen ein Geiseldrama nach wahrer Begebenheit und Golan hat ihnen verschwiegen, dass das auch ein Chuck Norris-Film wird. Man kann aber durchaus sagen, dass alle Beteiligten routiniert bis gut in ihren Rollen funktionieren. Ganz großes Kino, ist auch der Score von Alan Silvestri, dessen Main-Theme an Patriotismus und eklig pathetischem Kitsch kaum zu überbieten ist. Dies fällt vor allem stark auf, da es gefühlt hundert Male zu hören ist, quasi immer dann wenn der Chuckster den Bodycount nach Oben schraubt. Wer sich die volle Dröhnung geben möchte, kann den Film günstig auf DVD und Blu-ray erwerben. Die Scheiben von „Twentieth Century Fox" bietet ein sehr gutes Bild mit DTS 2.0-Ton.

„Klischeehafter, dilettantischer Action-Reißer mit vorgeschobener moralischer Botschaft, der mit politischen Verzerrungen, Feindklischees und Racheinstinkten operiert." urteilte einst das „Lexikon des internationalen Films". Wenn man mal das Wort „dilettantisch" heraus nimmt, würde ich diesem Fazit durchaus zustimmen. **DELTA FORCE** ist ein unterhaltsamer Film, der mit seiner guten Besetzung durchaus sehenswert ist. Leider nutzt die „Cannon"-Produktion eine reelle Tragödie, um klischeehafte US-Rachegelüste zu befriedigen. So verkommt der Film nach einem guten Start zum reaktionären Feuerwerk für 80's-Fans. Wer eine gute Aufarbeitung erwartet, sollte etwas anderes gucken. „Cannon"-Fans werden ihren Spaß sicher haben.

Das Geheimnis der chinesischen Nelke

„Hallo, hier spricht Edgar....äääh, Louis Weinert-Wilton!" Ja genau, der semi-berühmte Trittbrettfahrer des großen Pulp-Krimi Autoren Edgar Wallace hat wieder zugeschlagen, zumindest in meinem DVD-Player. Mit **DAS GE-HEIMNIS DER CHINESISCHEN NELKE** (1964), lieferte „Constantin Film" die letzte Verfilmung des böhmischen Schrift-stellers und bewegt sich etwas abseits des klassischen „WhoDunIt"-Allerlei, nämlich im Agenten-Milieu. Ob das ein Qualitätsmerkmal ist, erfahrt ihr aus erster Hand!

Schon in meiner Review zu **DIE WEISSE SPINNE** (1963) habe ich ein paar Fakten zu Louis Weinert-Wilton genannt. Der Autor verfasste Geschichten im Stil des britischen Autors Edgar Wallace, dessen filmi-sche Adaptionen in den 60er Jahren zu den großen Kassenhits der deut-schen Kinos wurde. Die Zuschauer gierten nach schundiger Krimi-Kost und die bekamen sie auch. Es wurden munter Epigonen gedreht, die im Stil der Wallace-Filme daher kamen, um ordentlich Kasse zu machen. Für **DAS GEHEIMNIS DER CHINESISCHEN NELKE** übernahm der Produzent Wolf-gang C. Hartwig die Gesamtleitung, der mit seinen „Hongkong-Reißern" bereits Erfolge feierte und später mit dem **SCHULMÄDCHEN REPORT** eine weitere Kult-Reihe auf den Weg brachte.

WEINERT-WILTON
Das Geheimnis der chinesischen Nelke

CHRISTOPHER

Professor Baxter hat in jahrelanger Arbeit mit seinem Assistenten Wilkinson eine neue Formel zur schadstofffreien Energieerzeugung entwickelt. Nun sind sowohl der Erdöl-Konzern von Mr. Sheridan als auch eine raffinierte Unterweltsorganisation, die ihren Stammsitz in dem Club „Chinesische Nelke" hat, hinter dem Mikrofilm, der die entsprechende Formel enthält, her. Baxter schickt den Film an seine Nichte Susan und wird kurz darauf ermordet. Bald scheint keine der beteiligten Personen mehr dem
Anderen zu trauen und jeder verdächtigt jeden...

Anders als bei den drei Vorgängern verließ man hier die bewerten Muster des klassischen Krimis, wenn auch nur zum Teil. Durch den internationalen Erfolg der **JAMES BOND**-Filme waren auf einmal auch Agenten-Filme en Vogue. Hartwig, der alte Fuchs, dachte sich also, warum nicht einfach einen Agenten-Krimi mit „WhoDunIt"-Subplot drehen? So erzählt der Streifen die Geschichte um einen ehrenwerten Professor, der mit Hilfe seines Assistenten eine Formel zur schadstofffreien Energieerzeugung entwickelt hat, was heutzutage sicher eine hilfreiche Erfindung wäre. Doch nicht nur ein Ölkonzern ist hinter besagter Formel her, sondern auch ein düsteres Syndikat, welches in der Bar „Chinesische Nelke" seinen Stammsitz hat. Ehe man sich versieht, sind mehrere Agenten, Killer und andere üble Ganoven hinter der Formel her. Als der Professor nach kurzer Zeit ermordet wird, übernimmt Privatdetektiv Ramsey die Ermittlungen, der für den Schutz der Nichte des Professors zuständig ist. Um schon mal reinen Tisch zu machen, die Story ist das Problem dieses 60er Jahre Rei-

ßers. Sie wirkt sehr konstruiert, ok das waren die Wallace-Filme auch, doch im Falle von **DAS GEHEIMNIS DER CHINESISCHEN NELKE** ist sie zudem etwas unübersichtlich. Man brauch etwas, bis man den Überblick hat, wer jetzt für
wen arbeitet und welche Absichten der- oder diejenige hat. Es treten viele Figuren auf den Plan, die alle etwas undurchsichtig sind und der Handlungsverlauf ist etwas sprunghaft, was die ersten 20 Minuten etwas anstrengend macht, da man sich manchen Figuren widmet und andere von der Bildfläche verschwinden. Vieles wirkt etwas zusammengeschustert, doch das treibt
natürlich den Pulp-Faktor in die Höhe und der macht bei
diesem Film ordentlich Spaß. Die Ganoven sind schmierig, die Helden reißen Sprüche und die Mädels sind knackig. Hier greift wieder der unverwechselbare Charme der 60er Jahre, der gute Unterhaltung liefert. Zudem verfügt das Drehbuch über einige wunderbare Sätze, wie etwa...

McMURRAY: „Hat dieser Speranza hier eigentlich etwas zu sagen?"

(Speranza mustert ihn gehässig von oben bis unten)

McMURRAY: „Ist irgend etwas?"

SPERANZA: „Ach nichts, ich nehme nur Maß für deinen Sarg."

Oder auch...

Mary Lou: „Also, was kostet die Formel Mr. Ramsey?"

Ramsey: Mein Bankkonto ist zwar so niedrig, dass es den Asphalt küssen kann ohne sich zu bücken, aber sie kennen ja meinen Preis!

Sternstunden der deutschen Drehbuchkunst! Es sind solche Momente, die großen Spaß machen auch wenn der Handlungsverlauf etwas plump und gezwungen wirkt. Das Drehbuch schrieb Rudolf Zehetgruber, der auch die Regie für den Film übernahm und mit **DIE SCHWARZE COBRA** (1963) und **DAS WIRTSHAUS VON DARTMOOR** (1964) bereits zwei ähnliche Filme gedreht hatte. Zehetgrubers Inszenierung ist allerdings sehr generisch. Wo

ein Alfred Vohrer oder ein Harald Reinl, die ebenfalls im Krimi-Genre umtriebig waren, mit verspielten Aufnahmen, Kamerafahrten und experimentellen Einstellungen punkten konnten, geht dies Zehetgruber völlig ab. Der Film wirkt sehr „grau", was nichts mit dem Schwarz/Weiß zu tun hat, in welchem der Film gedreht wurde. Allerdings hat der Krimi auch seine Momente, wie etwa die unterhaltsame Kneipenschlägerei oder das Finale, in dem unser Held das Mädchen aus einem fahrenden Auto befreien muss, welches durch einen Sprengsatz zu detonieren droht, wenn es mehr als 80 Sachen drauf hat. Jetzt wissen wir auch wo Jan de Bont seine Idee für **SPEED** (1994) geklaut hat. Auch wenn diese Sequenz sehr günstig und holprig aussieht, macht sie dennoch Spaß.

Zehetgruber drehte den Film in Prag, was uns natürlich als London verkauft

WEINERT-WILTON
Das Geheimnis der chinesischen Nelke

wird. dass die meisten Szenen in Räumen spielen, fällt dieser
Umstand auch nicht weiter auf. Es gibt ja Stock-Footage, was

gibt die blonde Schönheit, mehr hat sie aber auch nicht zu bieten. Des Weiteren agieren noch **RAUMPATROILLE**-Star Dietmar Schönherr und Theater-Star Paul Dahlke in gut ausgefüllten Nebenrollen. Auch Klaus Kinski gibt sich, wie in fast jedem deutschen Krimi der 60er, die Ehre und macht das was er am besten kann, einen schmierig fiesen Ganoven spielen. In einer kleinen Nebenrolle entdeckt man noch den späteren französischen Star Pierre Richard, der einige amüsante Szenen hat. Der Film ist über das Label **FILMJUWELEN** auf DVD erhältlich und bietet neben dem 16:9 Kinoformat auch eine 4:3 Fassung. Ausgestattet mit einem informativen Booklet eine günstige, wie auch schöne Veröffentlichung.

man wahllos hineinschneiden kann. Wie auch die Wallace-Verfilmungen besitzt „Das Geheimnis der chinesischen Nelke" ein schönes Ensemble, was den Filmgenuss steigert, da allerlei bekannte Gesichter auftreten. Besonders schön ist Trash-Ikone Brad Harris in der Hauptrolle des heldenhaften Detektivs Ramsey. Mit Holzhammer-Charme und schiefem Grinsen sorgt der ehemalige amerikanische Bodybuilder für vergnügliche Momente.

Auch Paradebösewicht Horst Frank, hier mal auf der Seite der Guten, hat sichtlich Spielfreude und haut ebenfalls ein paar kesse Sprüche raus. Als Agent mit Kaugummifetisch, der zum Finale hin für eine Bombenentschärfung sorgt. Tschechiens Sex-Symbol Olga Schoberova, die Harris 1967 ehelichte,

DAS GEHEIMNIS DER CHINE-SISCHEN NELKE war ein weiterer Versuch im Fahrwasser der Wallace-Filme mitzuschwimmen. Trotz einem überkonstruiertem Agenten-Plot, versucht man den „WhoDunIt"-Aspekt mit einzubinden, weshalb der Film öfter die Balance verliert. Dazu kommen eine etwas wirre Erzählweise und eine einfallslose Regie. Doch immer mal wieder blitzt charmanter Pulp auf und es gibt ein paar schöne Sprüche auf die Ohren, gepaart mit einer nicht unbedingt stimmigen, aber zumindest unterhaltsamen Besetzung. Fans deutscher Krimis der 60er Jahre mit einem Faible für pulpige Geschichten dürften ihre Freude haben.

An einem College in Boston geschehen fürchterliche Morde, die auf einen Täter hinweisen, der bereits vor 40 Jahren ein blutiges Massaker veranstaltete. Die Polizei tut sich mit den Schülern zusammen und steckt auch eine als Studentin getarnte Agentin in die Klasse, um dem Mörder das Handwerk zu legen. Doch der Mörder ist raffiniert und scheut keine Mittel, um seine Opfer auf bestialische Weise auseinanderzunehmen ...

Nun widmen wir uns mal etwas ganz Originellem - einem Slasher aus den frühen 80ern. Es ist schon immer wieder amüsant, wenn man sich, einem selbst unbekannte Filme aus diesem Genre ansieht. Und obwohl man schon einiges gesehen hat, stellt man immer wieder fest, dass es da noch viel mehr zu sehen gibt. **PIECES** aus dem Jahr 1982 ist so eine Sache für sich. Ein günstig runtergekurbeltes Schlitzerfilmchen, welches aber an trashigem Unterhaltungswert schwer zu übertreffen ist. Und mal ganz ehrlich, wenn bei so einem Titel die Tagline „It's exactly what you think it is!" lautet, kann man so einem Streifen nicht wirklich böse sein. Leute, da müssen wir drüber reden!

PIECES stammt, wie bereits erwähnt, aus dem Jahr 1982, also zur Hochzeit des Slashers und ist eine Ko-Produktion zwischen Spanien, Italien und Puerto Rico. Genre-Kenner können erahnen, in welche Richtung das Ganze geht. Regie bei diesem „Meisterwerk" des schlechten Geschmacks führte Juan Piquer Simón, der sich sowohl für den Superhelden-Mumpitz **SUPERSONIC MAN** (1979), als auch für den blödsinnigen Schnecken-Horror **SLUGS** (1988) verantwortlich zeichnet. Wie schon gesagt, Genre-Kenner können erahnen, in welche Richtung das Ganze geht. Um die unfassbare Essenz dieses Machwerks greifen zu können, werden wir hier die Handlung in Gänze durchgehen, deshalb Achtung: **SPOILER!**

Wir beginnen im Jahr 1942 und beobach-
ten den 10-jährigen Timmy dabei, wie
er in liebevoller Kleinarbeit ein Puzzle im
heimischen Kinderzimmer zusammensetzt,
auf welchem eine nackte Frau zu sehen ist.
Dies wird von seiner Mutter beobachtet,
die anscheinend nicht viel für zahme Erotik
übrig hat und dem Hobby-Puzzler erstmal eine kräftige Standpauke hält, bevor
sie sich daran macht, sein Spielzeug zu
verbrennen. Immer diese Mütter! Der gute
Timmy reagiert auf die einzig nachvollzieh-
bare Art und Weise, indem er eine Axt zur
Hand nimmt und die Mama erschlägt, um
sie danach, mit einem sehr zufriedenen

auf das Glas zu, schreit und der Zuschauer
hört nur ein Splittern aus dem Off. Danach
wird diese Szene nie wieder erwähnt. Was
das soll? Das weiß keiner und ist eigentlich
auch scheißegal! Prompt schreiten wir zum
nächsten Kill, denn eine, ebenfalls nicht
mehr so junge, Teenagerin liegt auf
einer Wiese (wahrscheinlich der Vorgarten
des Regisseurs) und beklagt sich über die
ratternde Kettensäge des vermummten
„Gärtners". Prompt wird sie blutig ihres
Kopfs entledigt. Kurz darauf treten unsere
Ermittler auf den Plan, die wahrscheinlich
die unterdurchschnittlichste Polizei-Arbeit
leisten, die ich seit Langem gesehen

Gesichtsausdruck, zu zersägen. Als die
Polizei eintrifft, finden sie den kleinen im
Schrank, der auf Unschuldslamm macht
und etwas vom bösen Mann faselt. 40
Jahre macht sich ein schwarzbekleideter
Herr daran, das Puzzle zu vervollständigen. Vorher sehen wir noch eine durchaus
bizarre Szene, in der eine Teenagerin, im
zarten Alter von ca. 42 Jahren, auf ihrem
Skateboard durch die Stadt fährt, während
an einer Straßenecke zwei Lieferanten ein
großes Spiegelglas aus dem Auto tragen.
Die Dame fährt, in Schrittgeschwindigkeit,

habe. Da der Film ein WhoDunIt darstellt,
bekommt der Zuschauer auch ein paar
Verdächtige geboten, wie zum Beispiel den
Universitätsgärtner Willard, der aussieht
als hätte er gerade bei einem Bud Spen-
cer- Lookalike-Contest den fünften Platz
belegt und ständig mit einer Kettensäge
hantiert. Zudem bemüht er sich konsequent, sein rechtes Auge zuzukneifen. Eine
weitere „undurchsichtige" Figur ist der
Professor für Anatomie, der aber eher als
Kinderschänder durchgeht, als ein wahnsinniger Kettensägen Killer. Dann gibt es

noch etwas doofes Teenie-Gewäsch von untalentierten Jungdarstellern, bevor der nächste Mord zelebriert wird. Eine junge Dame geht nachts (und natürlich nackt) im Pool der Uni schwimmen und wird dort fachmännisch zerlegt. Nachdem die junge Frau nur noch als Stückwerk vorhanden ist, betritt auch Willard die Szenerie und packt erstmal die blutverschmierte Kettensäge an, die der Täter zurückgelassen hat.

Prompt treffen die Cops am Tatort ein. Der, natürlich unschuldige, Gärtner schlägt erstmal um sich (was soll er auch sonst machen) und wird schließlich abgeführt. Für die Polizei ist sofort klar, dass der Täter wieder zuschlagen wird. Es ist ja nicht so, als hätte man gerade einen aggressiven Hünen überwältigt, dessen Fingerabdrücke sich an der Mordwaffe befinden. Dann kommt meine absolute Lieblingsszene! Wir sehen einen, schön drapierten Haufen aus Leichenteilen, neben dem eine blutverschmierte Kettensäge liegt. Unser creepy Anatomie-Professor stolpert durch die Tür und wird mit einem lockeren „Gut, das sie hier sind" begrüßt. Folgender Dialog spielt sich ab:

Inspektor: „Herr Professor, sie als Fachmann für Anatomie können uns bestimmt weiterhelfen. Könnte dieser Mord mit einer Kettensäge verübt worden sein, zum Beispiel dieser hier?" (Ich wiederhole, da liegt eine blutverschmierte Kettensäge, direkt neben einem Haufen aus Leichenteilen!)

Der Professor guckt sich das Gekröse an und packt natürlich auch nochmal an die Kettensäge, nur um dann folgende Aussage zu machen: „Das wäre möglich aber das könnte auch ein Laie feststellen!"

Mein lieber Herr Gesangsverein, Dialoge zum niederknien. Als nächstes kommt auch der Lover des Opfers ins Spiel, der auch zum keinem Zeitpunkt verdächtigt wird und sofort in die Ermittlungen eingebunden wird. Der Inspektor meint noch

zu seinem Kollegen: „Das ist ein guter Junge, der kann uns bestimmt helfen". Alles klar. Die beiden Polizisten schieben derweil eine ruhige Kugel und lassen den jungen Burschen einfach mal machen. Zur Seite gestellt bekommt er eine Polizistin, die gleichzeitig ein Tennis-Star ist und Undercover als, naja, Tennis-Spielerin ermitteln soll, wobei sie eher spielt, als kenne sie diese Sportart lediglich aus dem Fernsehen. Zwischendurch gibt es noch den ein oder anderen Mord, wobei der schönste in einem Fahrstuhl stattfindet. Eine Studentin geht zum Fahrstuhl und begrüßt den dort wartenden Killer. Der betritt ebenfalls den Fahrstuhl und der Zuschauer sieht, dass er geschickt hinter seinem Rücken eine gigantische Kettensäge versteckt, was die junge Dame natürlich nicht bemerkt. Eine Kettensäge? Seriously? Man kann ja einiges hinter dem Rücken verstecken. Ein Messer, eine Pistole, mit Glück vielleicht noch eine Machete aber eine Kettensäge? Warum nicht gleich einen Presslufthammer oder eine Dampfwalze? Egal, auch dieses unschuldige Mädel wird fachmännisch zerlegt. Zwischendurch gibt es noch einen Cameo-Auftritt eines Bruce Lee-Imitators. Und prompt schreiten wir auch zum Finale, welches uns den Täter präsentiert, den ich natürlich jetzt nicht spoilern will, obwohl den meisten recht schnell klar sein dürfte, wer hier öfters zur Kettensäge greift.

„Pieces, It's exactly what you think it is!" Ja genau, ein runtergewichstes Rip-Off bekannter Versatzstücke des typischen Slashers. Immerhin ist man beim Marketing ehrlich gewesen und der Zuschauer weiß, worauf er sich da einlässt. Natürlich ist der Film, auf narrativer Ebene, absoluter Quatsch aber genau deswegen macht das Ganze auch ziemlich viel Spaß. Das „Drehbuch" präsentiert uns zwar eine handelsübliche Story nach Schema F, vermischt dabei aber Elemente des Slashers und des italienischen Giallo. Für Letzteres stehen ein schwarzgekleideter Mörder, ein Zivilist, der in die Ermittlungen eingebunden wird und ein Kindheitstrauma des Kettensägen schwingenden Killers, welches man dutzendweise im Kanon des italienischen Psycho-Thrillers finden kann. Die Handlung spielt derweil in New England aber mit Blick auf die Drehbedingungen, würde ich mal eher auf New Spain tippen. Die Dialoge bewegen sich derweil auf Pornofilmniveau und dürften beim Betrachter für schallendes Gelächter sorgen. Die Figuren sind denkbar doof, wobei die beiden Polizisten dem Ganzen die Krone aufsetzen. Polizeiarbeit ist das wirklich nicht, da die beiden ihre Zeit damit verbringen Zigarren zu rauchen, dumme Fragen zu stellen und in irgendwelchen Akten zu blättern. So kommt auch die Enthüllung des Täters ganz plötzlich, da einer der beiden irgendwann mal auf die Idee kommt, zum Telefon zu greifen und gewisse Personen mal durchchecken zu lassen. So hätte man bestimmt den einen oder anderen Mord verhindern können, was eigentlich auch schade wäre, denn diese Szenen sind das Prunkstück dieses Films. Gorehounds kommen bei *PIECES* durchaus auf ihre Kosten und bekommen deftige Splatter-Einlagen zu sehen, die auch ganz ordentlich gemacht sind. Der Täter sammelt nämlich Körperteile um sein Puzzle zu vervollständigen, welches wir vom Anfang kennen. Ein echter Vollblut-Psycho eben. Regisseur Juan Piquer Simón, eine Name der runter geht wie Öl, st kein Meister seiner Zunft aber die Gore-Szenen sind adäquat inszeniert, worauf er heute noch stolz sein dürfte. Besonders heraus sticht die Szene, in der eine Studentin auf einem Wasserbett ermordet wird. Hier sticht der Killer auch mal daneben, was in einer flutartigen Mischung aus Wasser und Blut endet und uns in Slow-Motion präsentiert wird. Das hat schon künstlerische Anflüge, von denen ich gerne mehr gesehen hätte. Auch wenn Simón sich Mühe gibt, über das strunzdoofe Drehbuch kommt er auch nicht hinaus, da hätten auch ein Dario Argento nichts mehr reißen können. Die Darsteller dieses zünftigen Horror-Trashs tun ihr Übriges. Als Polizist sehen wir hier Christopher George, den wir aus Fulcis

EIN ZOMBIE HING AM GLOCKENSEIL

(1980) kennen. Der trägt, wenn er keine doofen Dialoge aufsagen muss, lediglich sein Gesicht spazieren und wartet sehnsüchtig auf den Drehschluss. Wahrscheinlich macht er hier auch nur mit, weil das seinen Spanien-Urlaub finanzierte. So ist seine Frau, Linda Day-George, ebenfalls im Film zu sehen. Witzig ist auch die Tatsache, dass der Gärtner von Paul Smith gespielt wird, der, wie ich erfahren habe, wirklich mal als Bud Spencer-Double gearbeitet hat. Der Rest der Besetzung besteht aus untalentierten Laiendarstellern, die ebenfalls grenzdebile Dialoge aufsagen oder die Titten heraushängen lassen. Wer jetzt auf den Geschmack gekommen sein sollte und ganz schnell nach einer adäquaten Veröffentlichung dieses Films giert, der kann beherzt zum Mediabook von „X-Rated" greifen, welches den Film in sehr schöner Bild - und Tonqualität auf Blu-Ray bietet. Neben der bekannten US-Fassung gibt es noch den spanischen Director's Cut obendrauf. Abgerundet wird das Ganze durch einen informativen Audiokommentar, der als Bonus enthalten ist. Diese Edition ist jedem zu empfehlen, der ein Herz für saftigen Trash hat. Allen anderen, die gerne einen Blick wagen möchten aber ihren Geldbeutel schonen wollen, empfehle ich dann doch lieber irgendeine günstige DVD-Variante aus dem Ausland, da man den Streifen auch besser im Original genießen sollte, denn die Synchronisation ist ebenfalls auf Pornofilmniveau, obwohl das ja auch wieder irgendwie passend ist.

Juan Piquer Simóns Schlachtplatte PIECES aus dem Jahr 1982 ist ein durchaus deftiges Machwerk mit ordentlichen Splattereinlagen. Wer einen packenden Schocker erwartet, wird bitterlich enttäuscht werden. Wer auf Trash steht, darf sich aber an miesen Darstellern, einem bescheuerten Drehbuch und jeder Menge Fremdschäm-Dialoge erfreuen, die das bierselige Party-Vergnügen sicher in die Höhe schrauben werden.

THE END

Die Buddy-Cop-Action-Komödie ist nicht nur das Genre mit dem längsten Namen aller Zeiten, sondern auch eines, das jeden Retroisten erfreut, hat es uns doch eine ganze Reihe an Klassikern wie **BAD BOYS** (1995) , **NUR 48 STUNDEN** (1982) oder **TANGO UND CASH** (1989) geschenkt.

Die Königsklasse bildet aber meiner Meinung nach Richard Donners 4-teilige **LETHAL WEAPON**-Reihe. Mel Gibson und Danny Glover brillierten als Duo wider Willen im Jahr 1987 und sorgten für mächtig Geld an den Kinokassen. Die Mischung aus stahlharter Action und Humor ging auf, was zu einem großen Teil an den beiden Stars lag. Aber auch die beiden hätten nicht viel retten können, wenn ihre Charaktere nicht funktioniert hätten. Dank Legende Shane Black (dies war sein erstes Drehbuch) war diese Voraussetzung erfüllt: Martin Riggs' (Gibson) tragische Vergangenheit, die ihn in manische, suizidale Depressionen warf, kollidierte mit Roger Murtaughs Wunsch nach Rente. Wie in dem Genre üblich, lernen die beiden Cops einander aber doch noch kennen und können sich nachher nicht nur tolerieren, sondern werden zu dicken Freunden. Ob es nun 3 Fortsetzungen gebraucht hätte, muss jeder für sich entscheiden und viele Fans sind der Meinung, dass es, besonders in Teil 3 und 4, zu sehr Richtung Comedy ging und in Albernheiten abdriftete.

Was aber durchweg überzeugen konnte, ist die Musik von Michael Kamen in Zusammenarbeit mit den beiden Instrumental-Größen Eric Clapton (Gitarre) und

David Sanborn (Saxophon). Kamen, der bis dato nur eine handvoll Scores geschrieben hatte, wurde das Projekt angeboten, nachdem Donners Standard-Cutter, Stuart Baird, den Film im Schnitt mit Stücken aus Kamens Musik zur britischen Serie **AM RANDE DER FINSTERNIS** (1985) als eine Art Probe-Score versah. Ursprünglich hatte Kamen kein Interesse, weil er einfach nichts mit Actionfilmen anfangen konnte, aber er kam, dennoch vorbei und sah sich das ganze Mal an. Ähnlich wie Donner selbst, der auch erst überzeugt werden musste, wurde der Komponist von den Charakteren fasziniert. Als Baird dann erwähnte, dass er mit dem Gedanken spielte, Riggs mit einer E-Gitarre und Murtaugh mit einem Saxophon zu repräsentieren, war Kamen dem Film völlig verfallen. Bestimmte Figuren mit bestimmten Instrumenten zu versehen war schon länger eine kleine Eigenart von ihm und so hatte Baird einen Nerv getroffen. Als Gitarrist wurde dann auch gleich Eric Clapton engagiert, der auch schon bei **AM RANDE DER FINSTERNIS** als Solist vertreten war.

Lethal Weapon

Bairds Vorschlag wurde auch genau so umgesetzt.

Claptons Gitarre spiegelt sowohl den jungen und sprunghaften Teil von Riggs' Charakter wieder, als auch seine Melancholie.
Für Murtaugh war Sanborns Saxophon zuständig, welches dessen Alter und klassische, „Old-School"-Methoden perfekt zusammenfasst.

Die beiden Instrumente spielen gekonnt gegeneinander an und an der Musik allein kann man schon folgen, wie die beiden Cops sich erst anzoffen wie kleine Jungs, bis sie wie ein Team funktionieren. Dabei bekommt jeder der beiden auch noch sein eigenes Thema, welches etwas klarer an den jeweiligen Charakter gebunden ist.
Die Solisten, insbesondere Clapton, sind nämlich auch öfters mal vertreten, wenn ihre Figur gar nicht anwesend ist oder aber fassen
einfach beide zusammen.

Riggs' Thema ist das, welches im Laufe der Reihe die meiste Entwicklung durchlebt, dabei aber nie etwas von der Coolness verliert, die es überhaupt so attraktiv gemacht hat...ganz wie Riggs selbst!
Insbesondere die Piano-Variation nach einem weiteren tragischen Ereignis im zweiten Teil oder aber die spielerische Version auf Pizzicato-Streichern beim Narben-Vergleich in Teil 3 sind da hervorzuheben.
Vorweg sollte aber gesagt werden, dass alle 4 Soundtracks wie aus einem Guss wirken.
Auch wenn nie Fortsetzungen geplant waren und die Handlung mit jedem neuen Teil weitergesponnen wurde, brachte Kamen es fertig, seine Themen so fortzuführen, dass man beinahe den Eindruck bekommt, als hätte es ebensolche Vorausplanungen gegeben: Kamen konnte nie wissen, dass Joe Pesci's Charakter „Leo Getz" in Teil 2 so gut ankommen wird, dass man ihn in den letzten zwei Filmen auch noch reinschreiben würde und dennoch gab er ihm von Anfang an seine eigene musikalische Repräsentation, in Form einer gedämpften Trompete, die er in den Fortsetzungen weiterspinnen konnte.

Vergleicht man dies mit anderen Franchises, in denen immer nur „von Film zu Film" gedacht wurde, ist das wirklich bemerkenswert. Man denke beispielsweise an STAR WARS (1977), als John Williams sich im zweiten Teil dazu entschied, Darth Vader ein völlig neues Thema zu schreiben, welches im Vorgänger nicht einmal angedeutet wurde oder den Droiden plötzlich eines zu geben...nur um es in *DIE RÜCKKEHR DER JEDI-RITTER* (1983) wieder zu verwerfen. Solche Ungereimtheiten finden sich in *LETHAL WEAPON* nicht.

Im Gegenteil...man könnte vielleicht fast anmerken, dass sich die Scores etwas ZU stark gleichen. Im Grunde genommen hat man es hier, ähnlich vielleicht wie bei Howard Shores *DER HERR DER RINGE-Trilogie (2001 – 2003)*, mit einem einzigen, sehr langen Score zu tun. Dies wird besonders an dem Material für die Bösewichte deutlich.
Der erste Film beginnt nämlich gleich mit deren Thema, als wir zusehen, wie sich ein halbnacktes Mädchen in den Tod stürzt, woran eine Truppe von fiesen Vietnam-Veteranen Schuld ist. Dieses Leitmotiv steht aber nicht speziell für diese eine Gruppe von Schurken, sondern wird in jedem Folgefilm aufgriffen und auf die jeweiligen neuen Bösen übertragen. Dies hat sowohl Nach- wie auch Vorteile. Auf der einen Seite sorgt das für eine gewisse Eintönigkeit und gibt auch unbewusst den Eindruck, dass die verschiedenen Verbrecher irgendeine Verbindung hätten. Auf der anderen Seite gibt es so keine Themen, die zu kurz kommen könnten und stattdessen eines, das voll ausgeschöpft werden kann.
Es sollte auch angemerkt werden, dass Kamen schon ein bisschen Variation für die unterschiedlichen Bösewichte einstreut. Im zweiten Teil kommen Marimbas und afrikanische Percussion hinzu, da der Oberfiesling ja der Südafrikanischen Botschaft angehört. Dies fällt besonders im finalen Faust-Kampf zwischen Riggs und Vorstedt auf, wo die Musik schon beinahe an diese nervtötenden Kinderspielzeuge

Erinnert, die immer rumklimpern.

Im dritten Teil ersetzte er diese dann durch militärisch anmutende Snare-Drums (der Bösewicht ist ja ein ehemaliger Cop) und düstere Klavier-Klänge. Ich vermute mal, jeder kann sich denken, wie Kamen die chinesische Gangster-Triade im letzten Teil vertonte.
Die Soundtracks der ersten drei Filme wurden in typischer Manier veröffentlicht: Ein paar Highlights, oft aus vielen kleinen Cues zu längeren Suiten zusammengeschnitten, gespickt mit 2, 3 Songs. Das ist für die damalige Zeit schon beachtlich, wenn man bedenkt, dass hier die Instrumentalmusik klar überwiegt, ganz besonders, da ja die Actionmusik sehr orchestral ist und nun nicht wirklich „durchgerockt" wird. Vergleicht man das beispielsweise mit *BEVERLY HILLS COP (1984),* bei dem der Score durch seine elektronischen Pop-Klänge ja doch massentauglicher
war, sich auf der CD dann aber fast nur Songs fanden, muss
man schon den Hut ziehen. Gerade beim Album zum ersten Film wurde nicht vor der Actionmusik zurückgeschreckt, selbst wenn keine E-Gitarre zu hören war.
Die rein-orchestrale Musik, insbesondere in den Shoot Out-Szenen und Verfolgungsjagden weiß übrigens immer zu überzeugen und ist überraschend komplex. Da fragt man sich, wieso heutzutage alles mit den immer-gleichen Drumloops aus der Dose versehen wird.
LETHAL WEAPON zeigt, dass großorchestrierte Action auch in düsteren, realistischen Filmen funktioniert ohne gleich nach Williams-Fantasy/Science Fiction zu klingen.
Wie auch immer, wenn man, was Soundtracks angeht, eher ein Gelegenheitshörer ist und lieber eine Art „Best Of" der Filme hat, kann man mit den Original-Alben nicht viel falsch machen. Gerade „Meet Martin Riggs" vom ersten Teil ist absolute Spitzenklasse! Selten wurden so viele Schnipsel, die eigentlich im fertigen Film weit voneinander entfernt sind, so gut zusammengeführt.

Vergessen war gestern, wir sprechen darüber!

Da ging natürlich das Sammler-Herz auf, als das Wunderlabel La-La Land im Jahr 2014 eine **LETHAL WEAPON SOUND-TRACK COLLECTION** ankündigte.
Auf sagenhaften 8(!) CDs findet man hier die vollständige Musik zu allen 4 Filmen. Und als sei das nicht genug, bekommt man die ursprünglichen Releases noch dazu UND ein paar ungenutzte Alternativ-Takes.
Gerade die Inklusion der Original-Alben ist wundervoll, da einem Tracks wie eben „Meet Martin Riggs" nicht entgehen.
Das Soundtrack-Album des zweiten Teils bestand fast nur aus Material, welches extra für die Compilation aufgenommen wurde.
Auch wenn der Casual-Hörer mit den Standard-CDs bedient sein sollte, zeigt einem die Collection, was einem bisher alles vorenthalten wurde.

Der erste Film mag noch ausreichend repräsentiert worden sein (auch wenn „Jingle Bell Rock" schon damals auf die Scheibe gehört hätte) aber beim zweiten Teil zeigen sich bereits deutliche Schmankerl:
Alleine die Musik zur eröffnenden BMW-Verfolgungsjagd ist
absolut umwerfend und grandios! Vom kurzen Looney Toones-Cameo bis hin zu Claptons durchgängig furiosem Solo weiß der Cue zu begeistern! DAS ist **LETHAL WEAPON!** Die Suspense-Tracks können sich zwar manchmal etwas ziehen, aber überzeugen den geneigten Fan doch noch mit ihrer technischen Kompetenz.
Der dritte Film hatte meiner Meinung nach das schwächste Ursprungsalbum. Zwar war „Riggs&Rog" mit dem gesampelten Zippo ein nettes Stück, aber im Großen und Ganzen überwog die Comedy-Musik. Ist an sich ja passend, der dritte Teil ist auch wahrscheinlich der komödiantischste der Reihe, aber sobald man den Complete Score gehört hat, merkt man, wie viel mehr die Tonspur zu bieten hatte.

Rene Russos Figur hat eine handvoll Kampfszenen die mit unfassbar guten Tracks untermalt sind. Clapton rockt zusammen mit den Blechbläsern richtig ab, so dass man als Zuhörer plötzlich headbangend vor seiner Anlage sitzt.
Wirklich kriminell wird es aber natürlich beim vierten Teil. Der längste Score der Reihe (92 Minuten) wurde vorher noch in gar keiner Fassung veröffentlicht. Das ist einfach unverzeihlich. Die asiatischen Klänge, insbesondere im dynamischen „Chinatown Chase" gaben nochmal frischen Wind in die Reihe, gerade als es redundant werden könnte, und die Einführung von Butters (Chris Rock) sorgte für ein paar nette Mundharmonika-Soli. Die Länge des Scores ist aber wirklich beachtlich. Wo Teil 1 und 3 gerade so die erste CD füllten und die zweite CD dann für das Ursprungsalbum offen ließen, hätte auf die zweite CD von Teil 4 gar kein Ursprungsalbum mehr drauf gepasst, selbst wenn es eins gegeben hätte!

Hier sei auch nochmal die, wie immer, grandiose Arbeit des Teams von La-La Land gelobt! Die Klangqualität ist durchweg hervorragend! Zwar merkt das Label auf seiner Homepage an, dass vier Tracks des 3. Teils in schlechterer Qualität vorliegen, doch mir ist nichts aufgefallen.
Jedenfalls liegt dies daran, dass die betreffenden Stücke vom Filmband restauriert werden mussten, für die gesamte restliche Musik hatte man Zugriff auf die originalen Mastertapes...deswegen vielleicht auch nochmal ein Lob an Warner Bros., die Kamens Arbeiten so gewissenhaft aufbewahrt haben. Wer weiß, ob wir sonst die Musik zum vierten Teil je zu
Gesicht bzw. auf die Ohren bekommen hätten! Manch einem HiFi-Experten mögen vielleicht Schnitzer in der Klangqualität der betreffenden Cues auffallen, aber

LETHAL WEAPON

selbst wenn, sie sind bei Weitem nicht so schlimm, wie sie hätten sein können. Man denke nur wieder an **RAIN MAN** (1988) von Perseverance Records.

Die Soundtrack Collection ist nun nicht sonderlich günstig und es ist schon ärgerlich, dass man sich die ganze Box holen muss, wenn man eventuell nur Interesse an einem bestimmten Teil der Reihe hat, speziell Nummer 4. Aber es ist nun mal auch eine Limited
Edition für Sammler und Liebhaber und die werden einem ja
nie hinterher geschmissen.

Ich kann sie jedenfalls nur wärmstens und ohne auch nur die geringste Einschränkung empfehlen!

Meines Erachtens haben wir hier die beste Veröffentlichung seit den **COMPLETE RE- CORDINGS von DER HERR DER RINGE und zweifelsohne das Beste**, was La-La Land je veröffentlicht hat!
Aber ganz gleich in welcher Form man **LETHAL WEAPON** genießt...es sind und bleiben Meisterwerke für die wir Kamen, Clapton und Sanborn auf ewig dankbar sein sollten!

FÜR DIESE SCHEISSE, WERDE ICH DEFINITIV NIE ZU ALT!

Der junge Schwertkämpfer Lei Li (David Chiang) lässt sich auf einen Kampf mit dem erfahreneren Meister Lung (Ku Feng) ein, den er verliert. Lei Li schlägt sich aufgrund eines Schwurs den rechten Arm ab und beschloss, nie wieder zu kämpfen. Von nun an arbeitet er als Kellner in einem Gasthaus. Eines Tages freundet er sich mit einem jungen Schwertkämpfer namens Feng (Ti Lung) an, der dem Verbrechen auf dem Lande auf dem Grund gehen will. Den Ursprung des Verbrechens vermutet er in der Tigerburg, welche er gegen den Rat von Lei Li aufsucht. Dort wird er von Meister Lung in einem langen und blutigen Kampf getötet. Lei Li schwört Rache und zieht allein in die Tigerburg ein um die Mörder seines Freundes zur Rechenschaft zu ziehen.

DAS SCHWERT DES GELBEN TIGERS aus dem Jahr 1971 war der erste Film aus diesem Genre, der in den deutschen Kinos lief. Der mit David Chiang und Ti Lung in den Hauptrollen besetzte Film gehört definitiv zu meinen Lieblings-Eastern.

Dieser Martial-Arts-Klassiker aus dem legendären Hause SHAW BROTHERS setzte neue Maßstäbe in diesem Genre und genießt absolut zurecht Kultstatus. Hier stimmt einfach alles: coole Helden, charismatischer Bösewicht, blutige Kämpfe, Zeitlupen, Splatter, perfekte Locations... unterstützt durch die passende Musik und der gelungenen Schnitttechnik macht dieses Meisterwerk auch 46 Jahre später noch richtig Spaß.

Für die Kampfchoreografie war übrigens Liu Chia-Liang verantwortlich, der

später bei **DIE 36 KAMMERN DER SHAOLIN** Regie führte.

Die derzeit wohl beste und edelste Version des Films ist das limitierte Mediabook von T.V.P.

Das Hauptmenü der DVD und der Bluray unterscheiden sich -> die Film-Fassung ist aber identisch.
Das Bild ist unfassbar scharf und farbenfroh. Das hat bei älteren Produktionen allerdings den Nachteil, dass man manche Details zu sehen bekommt, die das Filmvergnügen etwas schmälern.
In diesem Fall ist es das sehr unecht wirkende Blut. Bei einigen Endverbrauchern mit Sony-Hardware kam es wohl zu Problemen mit dem Ton. Wenn man den Ton statt über HDMI über Cinch wiedergibt, ist dieses Problem behoben.

MICHAEL NOURI – DER TANZENDE NACHWUCHSFÖRDERER

Michael David Nouri hatte in den 80ern zwei wirklich große Hits. Obgleich er in vielen weiteren Serien auftrat, blieb ihm der große Erfolg verwehrt. Aber er hätte fast seine große Chance bekommen. Aber eben nur fast.

Nouri wurde am 09.12.1945 in Washing-

ton, Columbia, USA geboren. Der 1,91 Meter große Nouri ist nicht nur ein guter Schauspieler, auch als Sänger und Tänzer erlangte er große Bekanntheit in den Staaten. Er ging auf das Rollins College in Winter Park, Florida. Nach seinem Abschluss zog er nach Boston und besuchte dort das Emerson College wo er ebenfalls mit Bravour graduierte. 1969 hatte er seinen ersten Auftritt im Film *ZUM TEUFEL MIT DER UNSCHULD* an der Seite von Jack Klugman und Ali McGraw. Es folgten Auftritte in TV-Serie wie *BEACON HILL* (1975) oder *THE LAST CONVERTIBLE* (1979). Bis heute hatte er 123 Auftritte in Film und Fernsehen.

Seine Sangeskunst konnte er 1975 unter Beweis stellen. Er sang für die die TV-Serie *SEARCH FOR TOMORROW*, in der er ebenfalls eine Rolle spielte, den Abschlusssong. Der Schauspieler mit

irischen und irakischen Wurzeln musste, um seine Ausbildung zu finanzieren, drei Monate lang Versicherungen verkaufen. Seine erste größere Rolle spielte er als Gangster Charles Luciano in der TV-Serie THE **GANGSTER CHRONICLES** (1981) in der TV-Serie *THE GANGSTER CHRONICLES* und den dazugehörigen Film BIS *ZUM LETZTEN SCHUß*. Dann kam seine große Stunde. Als Partner von Jennifer Beals war er 1983 im Musikfilm *FLASHDANCE* zu sehen. Aber anstatt die großen Rollen zu ergattern, sah man ihn häufiger in TV-Filmen. 1987 hatte er dann nochmal seine große Chance in Jack Sholders *THE HIDDEN* als Tom Beck. Aber auch das nützte ihn nicht viel. Er hätte einen immensen Bekanntheitsschub bekommen können, hätte er die Rolle bekommen, die er wollte. Er war schon fast engagiert den Martin Riggs in *LETHAL WEAPON – ZWEI STAHLHARTE PROFIS* (1987) zu spielen. Wie wir alle wissen, ergatterte Mel Gibson die Rolle.

Fortan war er dann fast ausschließlich in TV-Filmen oder Serien wie *DIE MÜHLEN GOTTES* (1992) oder *BLOODBROTHER II – CHAMP GEGEN CHAMP* (1993) zu sehen. In den 2000er Jahren war er vielfach in TV-Serien wie *O.C. CALIFORNIA* (2006 – 2007), *SCHATTEN DER LEIDENSCHAFT* (2004) oder *NAVI: CIS* (2008 – 2013) zu bewundern. Sein Faible fürs Musical konnte er aber in den 90er Jahren nochmal auskosten. Am Broadway sang er zusammen mit Julie Andrews in der Theaterversion von *VICTOR/ VICTORIA* und den gleichnamigen Fernsehfilm von 1995.

Light von 1986 bis 2001. Er hat zwei Töchter (Jennifer und Hannah). Seine zweite Frau hat Multiple Sklerose. Nouri ist aufgrund dessen Botschafter der Nationalen Gesellschaft für Multiple Sklerose in Amerika. 2003 hatte er eine kurze Beziehung mit der Schauspielerin Roma Downey (TV-Serie EIN HAUCH VON HIMMEL (1994 – 2003)). Heute lebt er in Fort Lauderdale, Florida und ist immer mal wieder im Fernsehen

Nouri ist auch neben der Schauspielerei aktiv. So ist er Botschafter für SEEDS OF PEACE - einer New Yorker Organisation, die sich für die Zukunft der Jugend einsetzt. Zudem ist er Mentor für vielversprechende Talente im Bereich des Films und Fernsehens.

Nouri war zweimal verheiratet. Von 1976 bis 1978 mit der Musikerin , Regisseurin und Fotografin Lynn Goldsmith und mit der Unternehmerin Vicky

zu sehen. Zu wünschen wäre es, wenn Michael Nouri wieder einen größeren Part in einem Kinofilm bekommt. Im Fernsehen sah man ihn jetzt genug. Es wird Zeit!

wir sprechen darüber!

Impressum:

Herausgeber:
Stefan Böse

Autoren:
Till Bamberg
Steffen Gebhart
Christopher Feldmann
Bernhard H. Heidkamp

Impressum:
© 2017
Herstellung und Verlag: BoD – Books on Demand, Norderstedt.
ISBN: 9783744893282

EINEN BESONDERER DANK GEHT AN RALF KRAUSE. FÜR DAS BEREITSTELLEN DES ARTWORKS FÜR´S MAAZIN!

Bild-Quellen der Screenshots:

SLAVENMARKT DER WEISSEN MÄDCHEN © DVD: X-Rated
HARD JUSTICE © VHS: VMP
VERFLUCHTES AMSTERDAM © Blu-ray Disc: StudioCanal (korrigierte Auflage)
THE HIDDEN © Video: CBS / FOX
NIGHTMARE ON ELM STREET 2 ©   Blu-ray Disc: Warner (Nightmare Collection)
DELTA FORCE © Blu-ray Disc: MGM / 20th Century Fox
DAS GEHEIMNIS DER CHINESISCHEN NELKE © DVD: Filmjuwelen
PIECES ©   Blu-ray Disc: X-Rated (Eurocult Collection #29)
DAS SCHWERT DES GELBEN TIGERS © Blu-ray Disc: T.V.P. - The Vengeance Pack

Informationsquellen:
www.retro-film.info
www.wikipedia.de
www.schnittberichte.com
www.ofdb.de
www.imdb.com
www.amazon.de
www.themoviedb.org

BESUCHT UNS DOCH AUF FACEBOOK UNTER:
WWW.FACEBOOK.COM/RETROFILMBLOG

VIDEO FREAKS VOLUME 5 ERSCHEINT DEZEMBER 2017

Vergessen war gestern, wir sprechen darüber!